Terrorismo de Estado

Guilherme Castelo Branco
(Organizador)

Terrorismo de Estado

2ª edição

autêntica

Copyright © 2013 Guilherme Castelo Branco
Copyright © 2013 Autêntica Editora

Todos os direitos reservados pela Autêntica Editora. Nenhuma parte desta publicação poderá ser reproduzida, seja por meios mecânicos, eletrônicos, seja via cópia xerográfica, sem a autorização prévia da Editora.

CAPA
Alberto Bittencourt
(Sobre imagem de A procissão interminável de prisioneiros alemães capturados com a queda de Aachen. Alemanha, em outubro de 1944)

DIAGRAMAÇÃO
Christiane Morais

REVISÃO
Lílian de Oliveira

EDITORA RESPONSÁVEL
Rejane Dias

Dados Internacionais de Catalogação na Publicação (CIP)
(Câmara Brasileira do Livro, SP, Brasil)

Terrorismo de Estado / Guilherme Castelo Branco, (org.). -- 2. ed -- Belo Horizonte : Autêntica Editora, 2013.

Vários autores
ISBN 978-85-8217-232-2

1. Filosofia política 2. Poder (Ciências sociais) 3. Terrorismo de Estado I. Castelo Branco, Guilherme.

13-05967	CDD-320.01

Índices para catálogo sistemático:
1. Filosofia política 320.01

AUTÊNTICA EDITORA LTDA.

Belo Horizonte
Rua Aimorés, 981, 8° andar . Funcionários
30140-071 . Belo Horizonte . MG
Tel.: (55 31) 3214 5700

São Paulo
Av. Paulista, 2.073, Conjunto Nacional, Horsa I,
23° andar, Conj. 2301 . Cerqueira César
01311-940 . São Paulo . SP
Tel.: (55 11) 3034 4468

Televendas: 0800 283 13 22
www.autenticaeditora.com.br

Sumário

Apresentação 7
Guilherme Castelo Branco

Poder soberano, terrorismo de Estado e biopolítica:
fronteiras cinzentas 11
André Duarte

O governo das condutas e das contracondutas do
terror 35
Edson Passetti

A filosofia política face ao mal político: a imagem
do inferno revisitada 67
Beatriz Porcel

Terror e globalização 83
Vicente Sanfélix-Vidarte

Carl Schmitt e a ressignificação de seu conceito
de "inimigo" pelo terrorismo de Estado argentino
(1974-1983) 107
Horacio Luján Martínez

A eliminação sistemática de pessoas e os limites
do político: breve ensaio sobre a ação política 121
Daniel Omar Perez

O terror soberano 133
Simeão Donizeti Sass

Estado e crime: extermínio, intimidação, exclusão ...145
Guilherme Castelo Branco

Violência de Estado, golpe de Estado, estado de exceção 157
Roberto Nigro

Mas por que nos aterrorizam, senhores?
A emergência de um novo terrorismo de Estado ..181
André Barata

Guerra e terror 203
Thiago Rodrigues

Sobre os autores 221

Apresentação

Guilherme Castelo Branco

Ninguém pode duvidar que desde o final do século XIX as tecnologias e as ciências, irmanadas, modificaram significativamente a vida das sociedades ocidentais. As artes e a cultura, numa espécie de contragolpe, também trouxeram enormes inovações aos campos da expressão e da produção de sentido e passaram a se utilizar do maquinário e até mesmo dos resíduos das diversas aparelhagens tornadas rapidamente obsoletas para demonstrar o poder da atividade criativa. A modernidade mostra, em certos saberes e fazeres, sua face mais cândida e que nos leva a crer e ter algumas esperanças no futuro. Segundo toda uma tradição iluminista, entramos, no mundo ocidental, numa era de racionalidade e modernidade.

Todavia, os que se propuseram e se propõem a fazer um diagnóstico do presente, no campo da filosofia política, a respeito do confronto dos Estados com as resistências ao poder, acerca do alcance do uso da racionalidade nas tecnologias de poder e seu estatuto na atualidade, analisar as condições políticas nas sociedades contemporâneas, também consideradas sociedades de controle, veem diante de si um panorama complexo e sob muitos aspectos aterrador. Nos últimos dois séculos, presenciamos a uma escalada de violência política, a acirradas lutas ideológicas, a guerras mundiais, a conflitos de todas as magnitudes possíveis. As ciências, as tecnologias, as artes, neste mundo de brutalidade e truculência, também estão a serviço dos poderosos e algozes.

O presente livro tem por objetivo contribuir para a elucidação conceitual e filosófica das ocorrências de violência extrema, de genocídios e de humilhação de populações inteiras, ou de parcelas da população, em todas as partes do planeta, nos últimos dois séculos. Autores como Arendt, Foucault, Deleuze, Schmitt, entre outros, têm problematizado as consequências do excesso de poder nos regimes políticos de todos os matizes ideológicos existentes no planeta.

O grupo de pesquisadores convidados para o livro, em sua imensa maioria, é de filósofos e pensadores de formação sociológica, de cinco países, e com diferentes adesões a correntes filosóficas e posições políticas, garantindo a pluralidade teórica dos textos e das análises sobre a vida política de nosso tempo. Não existe alinhamento ideológico entre os convidados para o evento. Trata-se, para este coletivo de pensadores, de discutir as mais recentes contribuições no campo filosófico e da filosofia política no que concerne à questão do Terrorismo de Estado, que tem como pano de fundo o campo do poder (e de seus excessos) e das resistências ao poder.

Foi feita uma convocação em torno do tema contemporâneo do extermínio, intimidação, exclusão, pois tanto a realidade terrível dos campos de concentração quanto um sem-número de episódios, sobretudo na América Latina, de eliminação e limpeza populacional são fatos que desafiam nossa capacidade de entender o mundo político contemporâneo. O Laboratório de Filosofia Contemporânea da Universidade Federal do Rio de Janeiro (UFRJ), ao fazer este convite, tinha em mente a questão do terrorismo de Estado. Como tantos fenômenos de violência e desmandos podem ter acontecido? Qual a razão que preside tais arbitrariedades e crimes? Seria uma violência inerente à racionalidade política ocidental? Seria apenas uma exceção? Ou tal campo de violência acobertada pelo Estado e por seus sistemas judiciários seria uma consequência inevitável dos alicerces histórico-sociais dos nossos sistemas políticos? Como explicar, por outro lado, a burocracia e sua presença na vida política e social? Como, numa época de avanços tecnológicos, científicos e nas artes, tantas instituições praticam técnicas de exclusão e sugerem práticas intimidatórias?

    Agradecemos à Coordenação de Aperfeiçoamento de Pessoal de Nível Superior (Capes) e ao Programa de Pós-graduação em Filosofia (PPGF) da UFRJ pelo apoio a este projeto.

Poder soberano, terrorismo de Estado e biopolítica: fronteiras cinzentas

André Duarte

A discussão a respeito das possíveis relações entre poder soberano, terrorismo de Estado e biopolítica ganhou espaço no debate contemporâneo sobretudo a partir das reflexões de Giorgio Agamben (2002) e de Roberto Esposito (2006), intelectuais italianos que retomaram as reflexões seminais de Michel Foucault sobre o conceito de biopolítica e dele se apropriaram para objetivos teóricos próprios. O propósito deste texto é interrogar se o conceito de biopolítica, formulado por Foucault em oposição à noção clássica de soberania, seria de algum modo compatível com o fenômeno do terrorismo de Estado, definido aqui, provisoriamente, como aquela forma do poder soberano estatal caracterizada por um conjunto de práticas e discursos políticos abusivamente violentos, de caráter legal ou extralegal, visando controlar populações por meio da disseminação do medo e do terror, da repressão à oposição e pela indução de comportamentos passivos nos âmbitos público e privado de um país ou região territorial.[1] Não me refiro aqui, portanto, ao "monopólio

---

[1] Até o momento, não parece haver consenso teórico em torno da noção de terrorismo de Estado, em função da multiplicação das polêmicas teórico-ideológicas que cercam o fenômeno e sua definição. O *Dicionário de política* (BOBBIO; MATEUCCI; PASQUINO, 1986, p. 1242) não emprega o termo, propondo apenas uma distinção conceitual entre

do uso legítimo da violência física" que caracteriza o Estado segundo a definição clássica proposta por Weber (1993, p. 56), mas ao emprego abusivo e recorrente da violência por parte de um Estado como forma de governar e amedrontar populações. Em vista dessa definição, cabe perguntar: será o fenômeno da violência estatal excessiva compatível com a noção foucaultiana de biopolítica? Em que medida a associação dos conceitos de biopolítica e de terrorismo de Estado permitiria melhor compreender os fenômenos políticos aos quais eles se referem? Se houver uma relação, qual será a natureza dessa relação entre exercício excessivo e violento da soberania estatal e gestão estatal de medidas biopolíticas? Justamente a esse respeito, tanto Agamben quanto Esposito formularam críticas ao conceito foucaultiano de biopolítica. Enquanto Agamben critica Foucault pelo fato de ele não ter estabelecido de maneira clara e suficiente o elo entre biopolítica e as manifestações violentas e excessivas do poder soberano estatal, Esposito critica aquela noção pelo fato de seu autor não ter determinado de maneira consistente quais seriam os seus efeitos, oscilando entre a consideração de suas consequências mortíferas ou potencializadoras da vida dos cidadãos.

 O texto se desenvolve em dois momentos. Primeiramente, retomo em linhas gerais a argumentação com a qual Foucault introduziu o conceito de biopolítica em sua genealogia das formas de exercício do poder na modernidade, bem como circunscrevo algumas das principais críticas propostas por Agamben e Esposito a tal conceito. Num segundo momento, argumento que Foucault vislumbrou uma relação

---

 "terror", entendido como instrumento emergencial empregado por um governo para manter-se no poder contra seus opositores, e "terrorismo", entendido como instrumento de ação política de grupos opositores visando desestabilizar um governo que se considera recorrer ao terror em suas ações políticas.

entre o fenômeno da biopolítica e o fenômeno da violência soberana estatal, embora não tenha considerado tal vínculo como constitutivamente necessário, motivo pelo qual me refiro às *fronteiras cinzentas* entre tais fenômenos. Se nem toda prática biopolítica de governamento estatal de populações implica e requer a violência abusiva, esta última, por outro lado, requer procedimentos e justificativas biopolíticos de aniquilação dos opositores, entendidos como inimigos perigosos à boa harmonia do corpo político instituído. Numa palavra, o terrorismo estatal seria um caso do governamento biopolítico de populações, mas certamente não único ou mesmo privilegiado, pois a biopolítica também pode se exercer por meio de práticas políticas estatais de condução de condutas que dependem apenas incidentalmente da violência, ou mesmo que independam de seu recurso.

O conceito foucaultiano de biopolítica e as críticas de Agamben e Esposito

Foucault apresentou o conceito de biopolítica ao grande público em 1976, no último capítulo de *História da sexualidade I - A vontade de saber* (FOUCAULT, 1999), retomando a sua discussão em algumas aulas do curso proferido no Collège de France no mesmo ano, publicado postumamente como *Em defesa da sociedade* (FOUCAULT, 2000a).[2] Foi, portanto, no curso de suas análises genealógicas sobre o exercício das

---

[2] A primeira menção pública do termo biopolítica foi feita por Foucault em uma palestra de 1974 na Universidade Estadual do Rio de Janeiro, intitulada "O nascimento da medicina social": "O controle da sociedade sobre os indivíduos não se exerce somente pela consciência ou pela ideologia, mas também no corpo e com o corpo. Para a sociedade capitalista, o que importava antes de tudo era a bio-política, o biológico, o somático, o corporal. O corpo é uma realidade bio-política; a medicina é uma estratégia bio-política" (FOUCAULT, 1994, p. 210).

relações de poder na modernidade que Foucault chegou à formulação de tal conceito, com o qual ele visava explicar o aparecimento, ao longo da segunda metade do século XVIII e, sobretudo, na virada para o século XIX, de um poder normalizador que já não se exercia sobre os corpos individuais, mas sobre o corpo da população de um Estado determinado. Ao discutir o chamado "dispositivo da sexualidade", isto é, a rede heterogênea de poderes e saberes que produziu a experiência moderna da sexualidade em suas manifestações hegemônicas e as anomalias que lhe são correlatas, Foucault compreendeu que o sexo e, portanto, a própria vida da população se tornaram alvo privilegiado da atuação de poderes que já não almejavam simplesmente disciplinar e regrar corpos e comportamentos individuais, pois a partir de então tornara-se também necessário normalizar a própria conduta da espécie ao regrar, manipular, incentivar e observar fenômenos como as taxas de natalidade e mortalidade, as condições sanitárias das grandes cidades, o fluxo das infecções e contaminações, a duração e as condições da vida, etc. Essa nova descoberta pressupôs combinar as análises desenvolvidas em *Vigiar e punir* a respeito das disciplinas, definidas como uma "anátomo-política do corpo", com os "processos [...] assumidos mediante toda uma série de intervenções e *controles reguladores*", que Foucault (1999, p. 131) então denominou como uma "biopolítica da população". Ao associar os resultados prévios de sua análise dos micropoderes disciplinares, entendidos como uma tomada de poder sobre a vida dos indivíduos, aos resultados parciais das pesquisas que indicavam a constituição de novos poderes que se projetavam sobre a vida da população, afirmando que em ambos os casos se tratava de estratégias de poder orientadas por processos de normalização das condutas individuais e populacionais, Foucault (1999, p. 131-132) criou a importante noção de "biopoder", relativa à "explosão [...]

de técnicas diversas e numerosas para obterem a sujeição dos corpos e o controle das populações. Abre-se, assim, a era de um 'bio-poder'". Ele nos mostra que o que se produziu por meio da atuação específica do biopoder não foi apenas o indivíduo dócil e útil, mas a própria gestão normalizadora da vida da população de um determinado corpo social. Por certo, ele ainda mantinha sua compreensão do poder como um "feixe aberto, mais ou menos coordenado (e sem dúvida mal coordenado) de relações" (Foucault, 2000b, p. 248). A partir da descoberta da biopolítica, entretanto, Foucault viu-se às voltas com um tipo de poder normalizador que não mais poderia ser entendido sem a referência ao Estado como centro específico de irradiação e exercício de poder sobre a população. Em suma, agora era preciso considerar a existência de um novo poder normalizador que, a despeito de não se restringir à figura do Estado, dependia em grande medida de um vetor estatal para sua implementação, sem o qual não seria possível proporcionar a gestão calculada da vida coletiva por meio de políticas destinadas a produzir uma população saudável, normal, produtiva e politicamente pacífica. O que, por sua vez, também pressupôs compreender as transformações que a biopolítica impusera ao modo de atuação dos poderes estatais, impondo transformações profundas na figura do poder soberano clássico e seu velho *modus operandi* específico. Com a constituição da biopolítica, isto é, com a entrada da vida no âmbito das preocupações e ações políticas do Estado, a partir da segunda metade do século XVIII e, sobretudo, ao longo do século XIX, operou-se um importante deslocamento e uma transformação no próprio modo de exercício do poder estatal. Por certo, este continuaria sendo dotado da capacidade de impor a morte aos cidadãos, mas sua lógica de atuação se transformaria de maneira a afirmar-se como um "poder que gere a vida" (Foucault, 1999, p. 128). Como veremos mais adiante, com a constituição dos poderes biopolíticos, o poder soberano já não se definia mais prioritariamente por sua prerrogativa de matar, mas por seu interesse primeiro em fazer viver mais e melhor, isto é, em estimular e controlar as condições de vida da população. Operou-se aí um importante deslocamento: se antes o poder soberano exercia seu direito sobre a vida dos súditos na medida em que podia matar, de tal modo que nele se encarnava o "direito de fazer morrer ou de deixar viver", a partir do século XIX se consolidou a transformação decisiva que deu lugar à biopolítica como nova modalidade de exercício do poder definida como um "poder de 'fazer' viver e 'deixar' morrer" (FOUCAULT, 2000a, p. 287). O conceito de biopolítica demarca assim o momento histórico em que interessou ao Estado estabelecer políticas higienistas e eugênicas visando sanear o corpo da população e depurá-lo de suas infecções internas.

A descoberta da biopolítica é certamente um dos grandes legados da reflexão foucaultiana para o nosso tempo. De fato, com o conceito de biopolítica, Foucault não pretendia apenas descrever e compreender um fenômeno histórico do passado, mas compreender o cerne mesmo da vida política contemporânea, motivo que se enuncia já nas primeiras páginas do capítulo final do primeiro volume da *História da Sexualidade*: "O homem, durante milênios, permaneceu o que era para Aristóteles: um animal vivo e, além disso, capaz de existência política; o homem moderno é um animal em cuja política sua vida de ser vivo está em questão" (FOUCAULT, 1999, p. 134). Em outras palavras, ao descrever a dinâmica de exercício do biopoder, Foucault também elaborou um diagnóstico crítico a respeito da política e seus dilemas no presente, aspecto reconhecido, aprofundado e transformado pelas reflexões de Agamben e Esposito. Estabelecidas essas considerações gerais sobre a noção foucaultiana de biopolítica, vejamos agora como Agamben e Esposito a interpretaram criticamente.

Agamben e a crítica ao obscurecimento da relação entre biopolítica e violência estatal

Segundo Agamben, se coube a Foucault a descoberta do caráter biopolítico da política moderna, ele teria falhado ao não compreender o nexo constitutivo entre biopolítica e regimes totalitários, aspecto que se evidenciaria no fato de ele não ter analisado a principal instância biopolítica do século XX, os campos de concentração. Foucault tampouco teria sido capaz de elucidar a correlação existente entre campo de concentração, *homo sacer* e poder soberano, a qual seria inerente à estrutura metafísica da política ocidental e, portanto, ultrapassaria o umbral da modernidade. Em suma, Foucault não teria sido capaz de pensar de maneira adequada o nexo entre biopolítica e violência estatal, fenômeno elevado ao paroxismo nos regimes totalitários, mas presente também nas democracias liberais contemporâneas sob a forma da generalização do estado de exceção, tornado regra de governamento por meio de um açambarcamento dos poderes Legislativo e Judiciário pelo Executivo. Segundo Agamben, a decisão política a partir da qual a vida humana se cinde em *zoé* e *bíos*, isto é, em vida qualificada e vida nua, deve ser entendida como um processo de politização da vida definido em termos da sua exclusão inclusiva no centro da atividade política, procedimento que se poderia observar tanto nas sociedades liberais quanto nos regimes totalitários, ainda que sob diferentes configurações políticas e sociais. Em ambos os casos, entretanto, Agamben considera que a política enquanto biopolítica sempre produz a vida nua, a vida que somente cai na esfera da política na medida em que dela pode ser eliminada sem que com isso se cometa um crime. Em uma palavra, Agamben se dedica à tarefa de desvelar o caráter biopolítico da política ocidental a partir da análise dos nexos existentes entre os conceitos de vida nua, poder soberano, estado de exceção e campo de concentração, os quais encontrariam na contemporaneidade sua máxima saturação (DUARTE, 2010). Distintamente de Foucault, portanto, Agamben referiu a biopolítica não apenas à modernidade, mas à própria tradição do pensamento jurídico-político do Ocidente, argumentando que a instituição do poder soberano é correlata à definição do corpo político em termos biopolíticos:

> A "politização" da vida nua é a tarefa metafísica por excelência na qual se decide sobre a humanidade do ser vivo homem, e ao assumir esta tarefa a modernidade não faz outra coisa senão declarar sua própria fidelidade à estrutura essencial da tradição metafísica. O par categorial fundamental da política ocidental não é o de amigo-inimigo, mas antes o da vida nua-existência política, *zoé-bíos*, exclusão-inclusão. Há política porque o homem é o ser vivo que, na linguagem, separa a própria vida nua e a opõe a si mesmo, e, ao mesmo tempo, mantém-se em relação com ela em uma exclusão inclusiva (AGAMBEN, 2002, p. 16; 2006, cap. 17).[3]

Ao centrar sua reflexão na figura ambígua do soberano, situado simultaneamente dentro e fora do ordenamento legal, visto poder declarar o estado de exceção em que a lei suprime a lei e se instaura assim a indiferenciação entre violência e direito, Agamben chega à caracterização da figura simetricamente inversa à do soberano, a figura do *homo sacer*, o protótipo da vida nua, desprotegida e exposta à morte sem que se cometa homicídio ao eliminá-la. Para Agamben, não se pode pensar a figura do soberano sem que ela implique a figura correlata do *homo sacer*, de modo que enquanto houver poder soberano haverá vida nua e exposta ao abandono e à morte (DUARTE, 2010). A partir dessa complementaridade entre as figuras do soberano e do *homo sacer*, Agamben reconsiderou o mito de fundação

---

[3] Para uma crítica interessante a essa ideia, veja-se Norris (2003; 2005).

do Estado Moderno de Hobbes a Rousseau. O que se trata de compreender é que o estado de natureza não é uma condição anterior à fundação do Estado civil, mas uma condição que habita o interior de todo Estado constituído, jamais sendo totalmente relegada a seu exterior. Em outras palavras, o estado de natureza manifesta-se como o estado de exceção sobre o qual decide o soberano, situação que permanece incluída no núcleo oculto da cidade soberanamente constituída. Assim, a fundação do Estado não poria um fim absoluto à violência inerente ao estado de natureza, uma vez que o poder soberano seria justamente a instância que preserva o direito de agir soberanamente e impor a morte aos cidadãos a cada momento, definindo-os como vida nua. O estado de exceção é o instante em que a *bíos*, a vida qualificada do cidadão, se converte ou se torna indiscernível com relação à *zoé*: "são os corpos dos súditos, absolutamente expostos a receber a morte, que formam o novo corpo político do Ocidente" (AGAMBEN, 2002, p. 131). Não se deveria, pois, pensar a fundação do Estado em termos de um contrato que aboliria o estado de natureza, pois o que se institui na fundação do corpo político é na verdade uma zona de indistinção e indiferenciação entre natureza e cultura, a qual não é nem apenas da ordem da *physis* nem apenas da ordem do *nómos*. A realidade que surge com a fundação do Estado não é a cidade, mas o bando soberano que mantém reunidos o soberano e a vida nua, a vida que pode ser banida da cidade a qualquer instante. Segundo a perspectiva teórica de Agamben, portanto, haveria uma correlação indissociável entre biopolítica e violência estatal soberana.

Esposito e a crítica às oscilações do conceito de biopolítica

Segundo Esposito, por sua vez, o conceito foucaultiano de biopolítica sofreria de uma ambiguidade ou oscilação jamais suficientemente bem resolvidas entre tendências argumentativas opostas entre si. Ora tal noção designaria um conjunto de políticas estatais exercidas *sobre* a vida da população, tendo como efeito colateral a produção da morte; ora ela designaria as práticas de subjetivação da própria vida inerentes tanto ao governamento da população quanto às suas práticas de resistência, entendendo-se então a biopolítica como uma política *da* vida. Segundo Esposito, em função dessa oscilação, Foucault não seria capaz de explicar suficientemente como e por que a biopolítica, entendida como uma política de gestão e incentivo das forças vitais da população, poderia promover a aniquilação de vastas parcelas dessa mesma população. Assim, o conceito foucaultiano de biopolítica oscilaria entre o reconhecimento do nexo necessário entre produção da vida e produção da morte de vastas parcelas da população, de modo que biopolítica e tanatopolítica se mostrariam indissociáveis, e, por outro lado, a ênfase contrária numa compreensão da biopolítica como um conjunto de políticas dedicadas a incentivar e fazer viver a população, estabelecendo-se então uma descontinuidade entre a biopolítica e as políticas estatais violentas dedicadas a promover a morte de parcelas da população. Em suma, Esposito pergunta-se a respeito de qual seria o *"efeito* da biopolítica" e nos diz que Foucault não teria uma resposta conclusiva para esse problema:

> Quanto a este ponto, a resposta de Foucault parece abrir-se em direções divergentes que apelam a outras duas noções implicadas desde o princípio no conceito de *bíos*, mas situadas nos extremos de sua extensão semântica: as noções de *subjetivação* e de *morte*. Ambas – com respeito à vida – constituem mais que duas possibilidades: são a um só tempo sua forma e seu fundo, sua origem e seu destino, mas conforme uma divergência que não parece admitir mediações: uma ou outra. Ou a biopolítica produz subjetividade, ou produz morte. Ou torna sujeito seu objeto,

ou o objetiviza definitivamente. Ou é política da vida ou política sobre a vida (ESPOSITO, 2006, p. 53).

Para Esposito, o pensamento de Foucault sentir-se-ia atraído por estes dois vetores distintos, o da subjetivação e o da morte, sem contudo jamais conseguir optar de maneira decisiva por um ou por outro, aspecto que produziria certas incongruências analíticas em suas reflexões sobre a biopolítica e seus efeitos. Ainda que por meio de argumentos teóricos totalmente diversos, retorna aqui o problema detectado por Agamben a respeito da determinação das relações entre violência estatal e biopolítica no pensamento de Foucault: afinal, haveria continuidade ou descontinuidade entre os fenômenos da soberania e da biopolítica em sua reflexão? Consideremos, primeiramente, a hipótese da descontinuidade entre biopolítica e soberania: segundo tal viés de interpretação, a biopolítica deve ser entendida como uma política da promoção calculada da vida, inserindo-se no bojo do longo vetor histórico que se prolonga do pastorado cristão à Razão de Estado e à ciência da polícia, demarcando-se assim, justamente, as violências perpetradas pelo poder soberano, elevadas ao paroxismo pelos totalitarismos. Essa via de consideração do problema também permitiria supor que a biopolítica encontraria nos regimes liberais e neoliberais o melhor esteio para seu próprio desenvolvimento, contestando-se assim o vínculo entre totalitarismo, terrorismo de Estado e biopolítica. Segundo tal vertente interpretativa, pela qual Esposito (2009) parece inclinar-se ao estabelecer uma oposição entre totalitarismo "ou" biopolítica, toda sujeição às figuras do poder se exerceria mediante processos de subjetivação, os quais, por sua vez, requerem algum grau de condescendência e engajamento dos próprios assujeitados no curso do seu assujeitamento, aspecto que afastaria a biopolítica do exercício exagerado do poder soberano, tal como observado nos totalitarismos e demais formas de governo amparadas no uso abusivo da violência estatal: afinal, o caráter coercitivo e violento dessas políticas estatais impor-se-ia incontestavelmente à vontade dos sujeitos, aniquilando-os, ao contrário de envolvê-los em seu próprio assujeitamento. Segundo Esposito (2006, p. 62), "Para potenciar-se o poder está obrigado a potenciar, simultaneamente, o objeto sobre o qual se descarrega; e não apenas isso, mas também, como vimos, o poder obriga-se a torná-lo sujeito de sua própria submissão. Ademais, o poder deve não apenas pressupor, mas também produzir as condições de liberdade dos sujeitos sobre os quais se aplica, se quiser estimular a ação destes". O ponto de culminação dessa vertente reflexiva residiria na determinação da "vida" como o "ponto de confrontação" entre poder e resistência, os quais nem se identificam nem se confundem: "ao mesmo tempo parte do poder e alheia a ele, a vida parece preencher todo o cenário da existência: inclusive quando está exposta às pressões do poder – e especialmente neste caso – a vida parece capaz de retomar aquilo que a toma e absorvê-lo em suas dobras infinitas" (ESPOSITO, 2006, p. 63).

No entanto, Esposito observa que o pensamento de Foucault também apresentaria uma segunda vertente de pensamento com respeito à biopolítica. Se considerarmos agora a hipótese da continuidade entre soberania e biopolítica, então veremos desenhar-se uma relação necessária entre biopolítica e totalitarismo, ou, se quisermos, entre biopolítica, tanatopolítica e violência de Estado. Põe-se então a questão crucial acerca da "trágica aporia de uma morte necessária para conservar a vida, de uma vida que se nutre da morte alheia, e, por último, como no caso do nazismo, da sua própria" (ESPOSITO, 2006, p. 65). Tratar-se-ia então de compreender como e por que o poder de gestão e incremento da vida se exerceria simultaneamente como um poder genocida. Ou ainda: "por que a biopolítica ameaça continuamente transformar-se em tanatopolítica?" (ESPOSITO, 2006, p. 65). Para Esposito, Foucault não seria capaz de responder a essa pergunta, a qual, por sua vez, ainda poderia reformular-se em outros termos: qual seria o estatuto do poder soberano no contexto biopolítico atual? (ESPOSITO, 2006, p. 69). Haveria continuidade ou descontinuidade entre o totalitarismo (e outras figuras da violência de Estado) e os demais regimes políticos da modernidade? Para Esposito, Foucault não poderia responder conclusivamente a essas perguntas pois, em seu pensamento, "totalitarismo e modernidade são, simultaneamente, contínuos e descontínuos, inassimiláveis e não discerníveis" (ESPOSITO, 2006, p. 70). Foucault afirmou que os totalitarismos seriam fenômenos históricos singulares, dado seu caráter excessivo no emprego de poderes capazes de produzir genocídios, ao mesmo tempo que nada mais teriam feito senão empregar mecanismos de poder já preexistentes em outras formas de sociedade e em outros regimes políticos não totalitários, elevando-os, entretanto, ao paroxismo. Para Foucault, de fato, os totalitarismos

> [...] prolongaram toda uma série de mecanismos que já existiam nos sistemas sociais e políticos do Ocidente. Afinal, a organização dos grandes partidos, o desenvolvimento dos aparatos policiais, a existência de técnicas de repressão como os campos de trabalho, tudo isto é uma herança muito bem constituída das sociedades ocidentais liberais que o stalinismo e o fascismo recolheram (FOUCAULT, 1994, p. 535-536).

Façamos o balanço das críticas propostas pelos dois autores italianos. Por um lado, Agamben observou que Foucault não fora capaz de estabelecer o vínculo biopolítico que unificaria necessariamente todas as configurações da política ocidental sob o caráter correlato das figuras do poder soberano, da vida nua e do campo de concentração, deixando assim de reconhecer que um mesmo paradigma estaria subjacente aos totalitarismos, aos terrorismos de Estado e às democracias liberais. Esposito (2006, p. 71), por sua vez, observou que, se Foucault houvesse optado pela hipótese da continuidade entre soberania e biopolítica, "ele se veria obrigado a fazer do genocídio o paradigma constitutivo de toda a parábola da modernidade, ou, quando menos, seu resultado inevitável". Conclusão que, por outro lado, poria em questão seu cuidado metodológico em estabelecer distinções históricas entre fenômenos políticos também distintos. E no entanto, se Foucault houvesse assumido e desenvolvido a hipótese acerca da descontinuidade entre poder soberano e biopolítica, então ele se veria desarmado para explicar todas as ocorrências em que "o raio da morte se projeta dentro do círculo da vida, não apenas na primeira metade do século XX, mas também mais tarde" (Esposito, 2006, p. 71). O que pensar destas duas críticas à noção foucaultiana de biopolítica?

A biopolítica como "dispositivo" e sua relação com a violência estatal soberana

Primeiramente, penso que o conceito foucaultiano de biopolítica deve ser entendido em sua plasticidade própria, isto é, como uma noção abrangente e que opera à maneira do que poderíamos chamar um *dispositivo* moderno de governamento (violento e não violento) da vida das populações. Assim, distintamente de Esposito, penso que, em vez de produzir ambiguidades, incongruências ou oscilações nas reflexões de Foucault, a plasticidade da noção de biopolítica é justamente a característica que a dota de um amplo alcance analítico e heurístico, tornando-a uma ferramenta conceitual que permite esclarecer, ao menos em linhas gerais, a natureza mesma das formas variadas de governamento da vida das populações na modernidade, em suas descontinuidades e continuidades. Esta consideração, por sua vez, opõe-se também à hipótese metafísica de Agamben, justamente na medida em que enfatiza que a noção foucaultiana de biopolítica permite elucidar as diferenças *e* as continuidades existentes entre diferentes formas do governamento da vida das populações na modernidade, tal como elas efetivamente se mostram sob regimes políticos também distintos entre si, tais como o liberal, o neoliberal, além de regimes ditatoriais ou mesmo totalitários. De fato, como observaram Agamben e Esposito, o problema todo se concentra na difícil determinação da relação estabelecida por Foucault entre biopolítica e poder soberano; o que, por sua vez, também implica considerar a delicada posição ocupada pela figura do Estado em sua reflexão genealógica do poder (LEMKE, 2006). Creio, entretanto, que explorando devidamente essas questões seria possível demonstrar que o pensamento foucaultiano não se viu encurralado diante da alternativa entre continuidade ou descontinuidade entre poder soberano e biopolítica, tal como afirmado por Esposito, tampouco deixou de considerar os nexos existentes entre biopolítica e regimes terroristas de exceção, como pretende Agamben, embora Foucault tampouco tenha assumido que tal relação fosse necessária ou mesmo exemplar. Vejamos.

Foucault enfatizou constantemente que o *modus operandi* da biopolítica é irredutível à velha figura do poder soberano, focada exclusivamente no direito do Estado de causar a morte de seus súditos em caso de risco ou agravo à vida do soberano. No jogo político moderno, o que conta não é a salvaguarda da vida de um, mas da vida de todos, ainda que essa totalidade esteja constantemente submetida a divisões, inclusões e exclusões de suas partes. Ademais, quando Foucault introduziu a noção de biopolítica no volume 1 da *História da sexualidade*, ele também estava mais do que ciente da necessidade de recusar o conceito tradicional de Estado, entendido genericamente como instância suprema de organização e coordenação do exercício do poder. No entanto, àquela altura de sua reflexão, Foucault ainda não dispunha de um léxico adequado para tratar do problema da gestão calculada e administrada da vida da população por meio de políticas estatais planejadas e coordenadas, aspecto que se torna visível no seu emprego de termos algo imprecisos a esse respeito ao longo daquele livro. Assim, por exemplo, ao introduzir a discussão da biopolítica definindo-a como uma tomada de poder sobre a vida que já não visava marcar seu poder "pela morte que tem condições de exigir", signo do velho poder soberano, Foucault (1999, p. 128, grifos meus) afirma o seguinte: "Com isso, o direito de morte tenderá a se *deslocar* ou, pelo menos, a se *apoiar* nas exigências de um poder que gere a vida e a se ordenar em função de seus reclamos". Ou então: "A velha potência de morte em que se simbolizava o poder soberano é agora, cuidadosamente, *recoberta* pela administração dos corpos e pela gestão calculista da vida" (p. 131, grifo meu). Deslocamento, novo apoio e recobrimento do velho poder soberano pela biopolítica, eis as fórmulas, algo tortuosas, é verdade, com as quais Foucault alude a uma nova dinâmica de exercício de poder estatal, ao mesmo tempo que evita, tanto quanto possível, empregar o termo Estado, o qual aparece apenas esporadicamente no volume 1 da *História da sexualidade*.

Como argumentei em outra oportunidade (DUARTE, 2010), foi com o conceito de *governamentalidade*, introduzido na aula de 1º de fevereiro de 1977 do curso *Segurança, território, população*, que Foucault conquistou uma terminologia adequada para nomear o "como" do exercício da biopolítica em sua articulação com a figura do Estado, ao mesmo tempo em que pôde também recusar o conceito de Estado em seu caráter de pressuposto primeiro e fundamental de toda e qualquer discussão política. Valendo-se de tal neologismo,

Foucault (1994, p. 819) podia agora analisar "a atividade que consiste em reger a conduta dos homens em um contexto e por meio de instrumentos estatais", ao mesmo tempo que reiterava que "o Estado, tanto atualmente quanto, sem dúvida, ao longo de sua história, jamais teve esta unidade, esta individualidade, esta funcionalidade rigorosa, e eu até diria, esta importância; ao final das contas, o Estado talvez não seja senão uma realidade composta, uma abstração mitificada, cuja importância é bastante mais reduzida do que se crê" (FOUCAULT, 2004, p. 112). Ademais, o conceito foucaultiano de biopolítica não visava abolir ou substituir a figura do poder soberano estatal, com o qual ele se articula ao mesmo tempo que o transforma. No curso *Segurança, território, população*, Foucault (2004, p. 111) discute o assunto e afirma que o processo histórico-político da modernidade não poderia ser entendido em termos de "substituição de uma sociedade de soberania por uma sociedade disciplinar e desta por uma sociedade de governo. De fato, temos um triângulo: soberania, disciplina e gestão governamental, uma gestão governamental cujo alvo principal é a população e cujos mecanismos essenciais são os dispositivos de seguridade". Assim, não penso que o conceito de governamentalidade teria substituído o de biopolítica, que Foucault jamais renegou ou criticou; por outro lado, considero que eles se articulam, mesmo se é inegável que Foucault empregue doravante o conceito de governamentalidade com muito maior frequência e importância que o conceito de biopolítica. Afinal, se um dos principais sentidos atribuídos por Foucault (2004, p. 11-112) à noção de governamentalidade diz respeito ao "conjunto constituído pelas instituições, pelos procedimentos, análises e reflexões, os cálculos e as táticas que permitem exercer essa forma bem específica, ainda que bastante complexa, de poder que tem por alvo principal a população, por forma maior de saber a economia política, por instrumento técnico essencial os dispositivos de seguridade", então é preciso compreender que a biopolítica, entendida como o conjunto de procedimentos, práticas, discursos e intervenções políticos que têm a vida da população como seu alvo prioritário, jamais deixou de estar no centro de suas reflexões. Governamentalidade e biopolítica não são conceitos opostos, muito menos excludentes: antes, e pelo contrário, articulam-se e assim alteram fundamentalmente a própria dinâmica do exercício do poder soberano estatal. Assim, poderíamos falar em governamentalidade biopolítica de caráter liberal ou neoliberal, questão abordada nos cursos *Segurança, território, população* e *O nascimento da biopolítica*, tanto quanto também poderíamos mencionar práticas de governamento de populações de caráter autoritário ou mesmo totalitário, como o próprio Foucault o fez ao vincular nazismo, estalinismo e biopolítica, tanto no curso *Em defesa da sociedade* quanto no primeiro volume da *História da sexualidade*. Como observei em outra discussão (DUARTE, 2009), mesmo se Foucault não é um teórico do fascismo (aliás, ele jamais se considerou um teórico da política, fosse ela liberal, neoliberal ou autoritária), ele pensava que as grandes "inquietudes políticas" das sociedades atuais teriam como pano de fundo as "sombras gigantescas do fascismo e do estalinismo", entendidos enquanto manifestações peculiares dos "poderes-excessivos" (*sur-pouvoirs*) (FOUCAULT, 1994, p. 264). Tampouco é casual que em 1977, no prefácio à tradução norte-americana do *Anti-Édipo*, de Deleuze e Guattari – portanto, em data muito próxima à sua própria associação entre fascismo, estalinismo e biopolítica, no curso *Em defesa da sociedade* e no volume 1 de *História da Sexualidade* –, Foucault (1994, p. 134) também estabelecesse considerações críticas sobre o fenômeno contemporâneo da vida fascista, isto é, sobre as formas do viver fascista que "está em todos nós, que acossa nossos espíritos e nossas condutas cotidianas, o fascismo que nos faz amar o poder, desejar esta coisa que nos domina e nos explora".

Ademais, cabe recordar que essa menção de Foucault às formas do fascismo é contemporânea do curso *Nascimento da biopolítica*, de 1978-79, de maneira que não me pareceria injustificado enxergar vínculos possíveis entre vida fascista e neoliberalismo. Se no curso *Em defesa da sociedade* e no volume 1 da *História da sexualidade* Foucault considerou a biopolítica a partir da capacidade do poder estatal de agir a fim de incentivar a vida da população, aniquilando suas partes consideradas perigosas por meio de políticas públicas dirigidas a esse fim, em *Nascimento da biopolítica* ele centra a atenção na caracterização dos sutis processos de *governamento* econômico dos indivíduos e da população, os quais decidem regrar e submeter sua conduta pelos princípios do autoempreendedorismo, tornando-se, assim, presas voluntárias de processos de individuação e subjetivação controlados flexivelmente pelo mercado (DUARTE, 2009). Percebe-se, pois, que a associação entre governamentalidade e biopolítica, longe de ser contraproducente, enseja novas formas de reflexão sobre o exercício do poder estatal (e paraestatal) no mundo contemporâneo.

Uma vez entendida a biopolítica como dispositivo de governamento estatal-administrativo da vida de populações, Foucault nos mostra que a partir do século XIX o exercício do poder soberano de dar morte subordinou-se aos novos imperativos pelos quais um Estado pretende gerir, garantir e incentivar a vida da população, mesmo que para tanto ele tenha de recorrer ao extermínio de partes dessa mesma população ou da população de outro Estado. Com seu conceito de biopolítica, Foucault descobriu que ali onde se instituíram intervenções estatais visando incentivar, proteger, estimular e administrar o regime vital da população, ali também, frequentemente, levou-se a cabo sua contrapartida sangrenta, isto é, o "reverso" genocida dessa nova obsessão das políticas estatais pelo cuidado purificador da vida. Em suma, Foucault compreendeu que a partir do momento em que a vida passou a se constituir no elemento político por excelência, o qual tem de ser administrado, calculado, gerido, regrado e normalizado, muitas vezes se observa concomitantemente a exigência contínua e crescente de impor a morte em massa, visto que sob certas formas políticas de governamento de populações a violência estatal depuradora torna-se a contrapartida sangrenta por meio da qual se podem garantir mais e melhores meios de vida e sobrevivência a uma dada população.

Ao afirmar a copresença das lógicas da soberania, da disciplina e da biopolítica, Foucault também argumentou que essa coexistência implicava uma transformação radical no modo e nas justificativas em nome das quais um Estado pode exercer o poder soberano de vida e morte. Não haveria, portanto, contradição entre o poder de gerência e incremento da vida e o poder de matar aos milhares (ou aos milhões) para garantir as melhores condições vitais possíveis a uma dada parcela da população. Para Foucault (1999, p. 128), portanto, o "reverso do direito do corpo social de garantir sua própria vida, mantê-la ou desenvolvê-la", é justamente a "tanatopolítica", isto é, a produção da morte em massa. Em outra passagem, Foucault (1994, p. 826) reafirma expressamente a ideia de que "Se a população é sempre aquilo sobre quê o Estado vela em seu próprio interesse, bem entendido o Estado pode massacrá-la quando necessário. A tanatopolítica é o lado contrário da bio-política". Assim, a partir do momento em que a ação do poder estatal foi a de "fazer viver", isto é, a de estimular o crescimento da vida, e não apenas e prioritariamente a de impor a morte, as guerras se tornaram mais sangrentas e os 'genocídios' e 'holocaustos' se multiplicaram dentro e fora da nação. Mesmo se Foucault, a meu ver acertadamente, recusou-se a estabelecer uma relação necessária entre biopolítica e exercício violento do poder soberano, como o faz Agamben, torna-se claro que seu conceito de biopolítica constitui importante ferramenta para pensar os fenômenos políticos derivados dos chamados poderes excessivos: "Jamais as guerras foram tão sangrentas como a partir do século XIX e nunca, guardadas as proporções, os regimes haviam, até então, praticado tais holocaustos em suas próprias populações. [...] As guerras já não se travam em nome do soberano a ser defendido; travam-se em nome da existência de todos; populações inteiras são levadas à destruição mútua em nome da necessidade de viver. Os massacres se tornaram vitais" (FOUCAULT, 1999, p. 129).

Finalmente, se entendermos o conceito de biopolítica como um *dispositivo* de exercício do poder estatal de governamento de populações, vigente desde o século XIX até o presente, então compreenderemos também de que maneira esse dispositivo alterou substancialmente a compreensão moderna a respeito da natureza do corpo político. Sob um paradigma biopolítico, toda vez que um Estado se sente atacado ou é efetivamente agredido por agentes políticos que lhe são internos ou externos, imediatamente o corpo social e político se representa como um todo harmônico, homogêneo, orgânico e fechado sobre si mesmo, o qual tem de combater com todas as forças possíveis aqueles elementos exógenos que ameaçam contaminar sua pureza, pondo em risco a boa unidade política da nação e do Estado. Como afirmou Foucault (1999, p. 130, grifos meus), sob o dispositivo biopolítico "São mortos legitimamente aqueles que constituem *uma espécie de perigo biológico para os outros*". A despeito do abandono da compreensão do corpo político como entidade racial biologicamente determinada, após a derrocada do nazismo e todos os desastres da segunda guerra mundial, sob o dispositivo biopolítico moderno os conflitos políticos seguem sendo majoritariamente considerados sob um esquema organicista, de modo que continuamos a pensar os inimigos políticos ou sociais como entidades nocivas que devem ser prontamente exterminadas em guerras preventivas ou em ações pirotécnicas de saneamento localizado. Uma vez que os conflitos biopolíticos da modernidade visam à preservação e à intensificação da vida do vencedor, eles não expressam simplesmente a oposição antagônica entre dois partidos adversários, segundo o binômio schmittiano do amigo-inimigo, pois os inimigos deixaram de ser opositores políticos para ser considerados como entidades nocivas, perigosas ao bom funcionamento da comunidade, devendo ser exterminados.

Referências

AGAMBEN, G. *Homo sacer*: o poder soberano e a vida nua. Belo Horizonte: Editora UFMG, 2002.

AGAMBEN, G. *Lo abierto*. Buenos Aires: Adriana Hidalgo Editores, 2006.

BOBBIO, N.; MATEUCCI, N.; PASQUINO, G. *Dicionário de política*. Brasília: Editora da Universidade de Brasília, 1986.

DUARTE, A. Foucault e as novas figuras da biopolítica: o fascismo contemporâneo. In: RAGO, M.; VEIGA-NETO, A. (Org.). *Para uma vida não fascista*. Belo Horizonte: Autêntica, 2009. v. 1, p. 35-50.

DUARTE, A. *Vidas em risco*: crítica do presente em Heidegger, Arendt e Foucault. Rio de Janeiro: GEN/Forense Universitária, 2010.

ESPOSITO, R. *Bíos. Biopolítica y filosofía*. Buenos Aires; Madrid: Amorrortu Editores, 2006.

ESPOSITO, R. Totalitarismo o biopolítica: para una interpretación filosófica del siglo XX. In: *Comunidad, imunidad, biopolítica*. Madrid: Herder, 2009.

FOUCAULT, M. *Dits et écrits*, III. Paris: Gallimard, 1994.

FOUCAULT, M. *História da sexualidade*. 13. ed. Rio de Janeiro: Graal, 1999. v. 1: A vontade de saber.

FOUCAULT, M. *Em defesa da sociedade*. São Paulo: Martins Fontes, 2000a.

FOUCAULT, M. *Microfísica do Poder*. 15. ed. Rio de Janeiro: Graal, 2000b.

FOUCAULT, M. *Sécurité, territoire, population*. Paris: Seuil/Gallimard, 2004.

LEMKE, T. "Marx sin comillas": Foucault, la gubernamentalidad y la crítica del neoliberalismo. In: LEMKE, T. *et al. Marx y Foucault*. Buenos Aires: Ediciones Nueva Visión SAIC, 2006.

NORRIS, A. The exemplary exception. Philosophical and political decisions in Giorgio Agamben's *Homo Sacer*. *Radical Philosophy*, n. 119, may-june 2003.

NORRIS, A. *Politics, metaphysics, and death*: essays on Giorgio Agamben's Homo Sacer. Durham; London: Duke University Press, 2005.

WEBER, M. *Ciência e política*: duas vocações. São Paulo: Cultrix, 1993.

O governo das condutas e das contracondutas do terror

Edson Passetti

Por que este caminho e não outro? Aonde leva para nos atrair desta forma? Que árvores e amigos estão vivos atrás do horizonte destas pedras, no distante milagre do calor? Viemos até aqui porque onde estávamos não era mais possível.

René Char

O terrorismo está modernamente relacionado ao governo soberano e a maneiras pelas quais lutas contundentes a ele se interpõem. Portanto, é um problema de governo de Estado, e é assim que a ciência política e as relações internacionais situam as práticas do terror. As lutas também estão relacionadas ao governo da população no território, e conformam situações cotidianas limites como a dos campos de concentração, confirmando os objetivos da biopolítica: quem deve morrer nos campos de concentração, sobreviver em campos de refugiados, como devem produzir em campos de concentração, articulando nazismo e a solução final como normalização de uma situação de exceção estatal na política moderna, ou vida produtiva confinada e stalinismo. Esses acontecimentos europeus, em especial, conjugaram estranhamente o que parecia ser contraditório filosófica e ideologicamente e compõem o discurso do governo do Estado sobre a população e os modos de governar de cada um segundo tecnologias de poder.

Foi a Revolução Francesa que produziu no âmbito da soberania o reverso do suplício atacando parte da população que pressionava a revolução para radicalidades contundentes. Compôs o terror de Estado, ultrapassando os suplícios, pela instituição da *paz* interna, conjugando o exercício das disciplinas, normalizações, medidas de exceção jurídico-políticas, e configurou a prisão como espaço corretivo para onde deveriam ser destinados os *perigosos*. O inimigo interno passou a ser configurado como *criminoso*.[1] O controle sobre a emergência da variabilidade nas condutas passava a regrar a consolidação da *paz* interna. Se para os desdobramentos internacionais relativos à soberania o dispositivo diplomático-militar permanecia regulando as guerras, para a questão interna era necessário estabelecer uma ordem, para a qual aparece como documento principal a Declaração dos Direitos do Homem e do Cidadão, de 1789.

Para equacionar os efeitos dos desvios constatados na Segunda Guerra Mundial, a mesma declaração foi modificada e ampliada, redundando na Declaração dos Direitos Humanos, de 1948, da Organização das Nações Unidas (ONU), incluindo o apanágio *dignidade da pessoa humana*. Os direitos promulgados em 1789 e inspirados na Revolução Estadunidense de 1776 expandiram-se do espaço nacional para o internacional, e a democracia representativa, acoplada a outros adendos, permaneceu como referência principal dos ideais da Revolução Francesa, ainda que esta, desde sua irrupção, tenha trazido o imperativo das revoluções emancipatórias como realização concreta dos princípios de igualdade, liberdade e fraternidade. Nesse sentido, a tensão

---

[1] Carl Schmitt (1992) baliza o *entendimento* sobre o terrorismo contemporâneo. Segundo o autor, o Estado constitucional transforma o cidadão na democracia não mais em *inimigo interno*, mas em criminoso.

entre os dois imperialismos do universal (o democrático estadunidense e o revolucionário francês), como situou Pierre Bourdieu (2003, p. 13-19), menos como embates pela predominância que resultaria, segundo ele, na passagem do francês e das eras das revoluções para o atual estadunidense de continuidade democrática, ambos são complementares, posto que a democracia e a realização da chamada sociedade igualitária não prescindiram de dispositivos de exceção, e foram e são obrigadas a conviver com o terror, principalmente aquele desencadeado pelo próprio Estado. Noutras palavras, os dois *imperialismos* enfrentaram e enfrentam, inevitavelmente, as radicalidades contundentes de modo repressivo e também jurídico-político. O pronunciamento do presidente dos Estados Unidos quando do assassinato de Osama bin Laden, como resposta aos desdobramentos do acontecimento de 11 de setembro de 2001, confirma, mais uma vez, o uso do terror de Estado como enfrentamento *antiterrorista* em nome da sociedade livre e justa para a consolidação da *paz*. Em 2 de maio de 2011, declara em pronunciamento por rede de televisão: "Hoje, na minha direção, os Estados Unidos lançaram uma operação contra esse complexo em Abbottabad, Paquistão. Um pequeno grupo de norte-americanos realizou a operação com uma coragem extraordinária e capacidade. Nenhum americano foi prejudicado. Eles tomaram cuidado para evitar vítimas civis. Após um tiroteio, mataram Osama bin Laden e tomaram a custódia de seu corpo. [...] No entanto, sua morte não marca o fim do nosso esforço. Não há dúvida de que a Al-Qaeda continuará com os ataques contra nós. Precisamos manter-nos vigilantes em casa e no exterior. [...] Lembremo-nos de que nós podemos fazer estas coisas não só por causa da riqueza ou poder, mas porque somos uma nação sob Deus, indivisível, com liberdade e justiça para todos. Obrigado. Que Deus os abençoe. E que Deus abençoe os Estados Unidos da América".² A pena de morte se metamorfoseou em execução sumária.

Michel Foucault, em seus *Ditos e escritos*, chamava a atenção para a superação do terror pelas disciplinas, mas destacava a continuidade de um terror incontrolável e intrínseco à prisão. A vigilância que produz pelo panóptico a produtividade e a utilidade disciplinar foi incapaz, no interior da prisão, de conter a produção do terror produzida pela dinâmica do aparelho por meio de normas, torturas, pressões, intimidações, governo de *ilegalismos* que articulam a prisão a outras produtividades e incorporam, neste circuito das circulações, todos aqueles relacionados ao preso. Dessa maneira, confissão-tortura-polícia conformava o caminho pelo qual um infrator se constituía como delinquente na prisão, caracterizado segundo as condições materiais e morais de sua vida, por meio da articulada relação entre direito e ciências humanas. Confissão-tortura-polícia-inquérito-julgamento-prisão acomoda um circuito seletivo pelo qual se instituiu e reformou constantemente o sistema penal, visando conter e modificar as chamadas condutas perigosas e indesejáveis (acoplando, muitas vezes, prisão e hospício pelos artifícios das medidas de segurança e da articulação infração-delinquência-loucura).

A conduta dos cidadãos livres estava assegurada por governos do Estado e da sociedade civil regulando quem infringia as leis, as normas e os direitos. A prisão se afirmou como imagem do medo e paradoxalmente como o ideal de recuperação do indivíduo perigoso e infrator. A moderna prisão humanista, voltada para a reforma moral e à laborterapia, com seus sucessivos fracassos, foi e é um sucesso. O cidadão sabia e sabe de seus deveres para ser livre e honrar a

---

[2] Disponível em: <http://www.whitehouse.gov/blog/2011/05/02/osama-bin-laden-dead>.

categoria de Homem como espécie. À supressão temporária dos direitos como prisioneiro, a prisão lhe acenava com recuperação moral, após as execuções da pena legalmente estabelecida e das eventuais punições pelo desrespeito às normas da prisão; portanto, cumprida a dupla penalização, o encarcerado deveria mostrar conduta adequada ao cumprimento dos deveres, incluindo adaptação ao trabalho e certo equilíbrio psicológico.

Sabemos, de Proudhon a Nietzsche, passando por Marx, e chegando a Foucault e aos abolicionistas penais que não há direito sem violência. A Revolução Francesa o demonstrou imediatamente; a prisão humanista pela sua fundação e sucesso pelos fracassos; as disciplinas pelas vigilâncias e punições; a pertinência dos Direitos Humanos pelos genocídios e etnocídios e respectivas comissões internacionais de verificação e avaliação, até os atuais redimensionamentos da prisão e a produção de variantes por meio de penalizações a céu aberto. O terror de Estado e o terror da prisão não cessam.

A atualidade escancara não ter havido a ultrapassagem da prisão moderna disciplinar em razão do nascimento da prisão de segurança máxima e da instituição dos programas de penalizações a serem cumpridas a céu aberto, que incluíram a sociedade civil como parceira imprescindível. Há entre prisão, prisão de segurança máxima e penalizações a céu aberto relações complexas pautadas na complementaridade. A destacar, a oscilação discursiva entre penalizar a céu aberto como redutor de encarceramentos e construção de mais edifícios prisionais, incluindo, neste caso, não só parcerias com organizações não governamentais e empresas do controle do crime na administração privatizada da prisão, mas monitoramentos eletrônicos e vigilâncias compartilhadas. Essa oscilação discursiva proporcionou outra inclusão inédita: a justificativa do reconhecimento jurídico e humanitário da tortura na prisão, como medida *antiterrorista* em Guantánamo, com base na defesa da sociedade livre e democrática contra o que é intolerável ao Estado.

As variadas justificativas funcionam em mão dupla também para as prisões de segurança máxima, destinadas aos *criminosos comuns* considerados *incorrigíveis* e que devem ser isolados. A prisão permanece, seja para presos comuns seja para *políticos*, como um espaço de confinamento para produzir confissões, favorecer *delações premiadas*, isolar os *mais perigosos*, administrar os prováveis *adaptáveis*, conectar prisioneiros de outra maneira e produzir uma normalização que repercuta, de um lado, em contenção de terrorismos e, de outro lado, em redução de rebeliões.

No Brasil, a prisão de hoje equaciona efeitos do terror por ela produzido em passado recente. Depois de *misturar* presos comuns e políticos com categorias legalmente distintas, produziu uma nova forma de articulação das relações entre a prisão, a sociedade e o crime que redundou, no Rio de Janeiro, na formação do Comando Vermelho. Dessa organização inicial, produziram-se outras organizações dentro da prisão que lançaram novos e inéditos acordos com polícias e políticos. A salientar a participação do PCC (Primeiro Comando da Capital) na administração da vida nas prisões a partir de São Paulo, principalmente a partir do início deste século, colaborando para uma convivência pacificada no interior da prisão, e levando para seu interior uma nova característica, a da *normalização do normal*, ou seja, a prisão deixa de ser somente uma instituição normalizadora regrada por seu regimento para conectá-lo aos estatutos de orientação de condutas das próprias organizações *criminosas*, obtendo como resultado a contenção de rebeliões, o redimensionamento das relações entre presos-funcionários da prisão-sociedade e configurando uma gestão *compartilhada*, acompanhada de nova receita para conter o terror na prisão. Enfim, se a prisão permanece como espaço para *ilegalismos* infindáveis, agora, ao menos, esforça-se para que eles sejam administráveis ao bom funcionamento, isto é, para que permaneça como a imagem do medo, *pacificada*, produtora de delinquência e continuadora da seletividade do sistema penal, com reduções de práticas de terror repressivo continuado sobre o corpo. A distinção entre o normal e o anormal passa a ser secundária, ou melhor, o anormal é um caso específico, pois o sistema penal é o responsável pela normalização das condutas esperadas e conta com a organização de prisioneiros para o bom funcionamento da prisão.

O efeito visível nos últimos anos é que os presos governados por suas *próprias* organizações são mais produtivos e mais moderados politicamente. Os embates, quando acontecem sazonalmente, decorrem de efeitos de rompimentos de pactos que selam a relação da prisão com o exterior, principalmente com a polícia. Nesses momentos, profundamente repressivos e acompanhados de execuções e chacinas de ambos os lados, eles acontecem com práticas de terror (contra direitos, vidas, acordos, livre trânsito de pessoas, etc.) para reacomodarem *interesses*. Em São Paulo, por exemplo, em 2001, 2006 e 2012, reapareceram estampadas nos noticiários e na face amedrontada de cada morador de arrabaldes da cidade as mesmas situações de terror: mortes arbitrárias ou encomendadas, episódios repetitivos de execuções sumárias, imposição de toques de recolher em zonas da cidade, compondo desdobramentos de uma sorrateira batalha pela redefinição do mercado *ilegal* do tráfico e de seus derivados. Os pactos são redefinidos segundo a nova e atualizada conformação das relações entre a prisão e a polícia. Se não há mais insistentes rebeliões na prisão, as eventuais fugas decorrem da continuidade da prisão e do que se espera de um preso *ligeiramente* saudável: fugir.

41

A relação entre terror e terrorismos, como vimos até agora, não se restringe ao mundo das leis e da soberania. Sua procedência estatal se mescla à complexidade das relações sociais e políticas e produz diversas práticas do terror onde a prisão também produz efeitos moderadores relativos à conduta e à contraconduta assimilável.

Transitemos por essas oscilações e complementações, nos limites deste artigo, a partir de alguns textos nos quais Michel Foucault se refere diretamente ao terror. Eles foram pronunciados em diversas ocasiões, estão publicados em *Dits et écrits* e foram traduzidos para a sua versão em português pelo organizador Manoel Barros da Motta. Segundo Foucault, seus ditos e escritos mostram reflexões a partir de suas pesquisas concluídas, seus possíveis rumos ou expressam suas novas preocupações. Andar com Foucault nesse percurso é não desconhecer as repercussões dos mesmos em seus livros e cursos, mas, neste caso, restringir-se a eles pode ser um favorável percurso analítico para enfrentar os *terrorismos* como um tema sempre em movimento colocado pelas problematizações que as forças em luta proporcionam em suas relações agônicas de poder.

Subterrâneos e sociedades secretas

Tomemos os escritos sobre literatura do terror do final do século XVIII, os quais prenunciam e anunciam prisões e revoluções com as devidas conspirações e sociedades secretas. Foucault (1962, p. 15) indica, inicialmente, a positividade das sociedades secretas por redefiniram a ordem do mundo: "é o mundo na outra dimensão, suas saturnais no rés do chão" (FOUCAULT, 1962: 15). Tempo de transgressões, nas quais o subterrâneo é "a forma endoscópica da gaiola" (p. 20). Se as masmorras da Idade Média foram subterrâneas, a prisão será visível, espelhada e transparente. Formam, contudo, um duplo presente na revolução, na medida em que uma reporá a outra, pois na masmorra nada é visível até configurar-se como gaiola.

Na revolução, todo visível não prescindirá da gaiola, porque se no subterrâneo encontra-se o embate com o contrato social, enquanto imagem negativa, este será reposto na superfície transparente da nova soberania. No subterrâneo convivem o traidor e o justiceiro, efeito real da sociedade secreta e das conspirações, onde também há a imposição dos espelhos, apesar do trânsito das sombras. Nele o carrasco não se encontra apartado da sua vítima e ambos buscam sua salvação: partilham seus destinos "neste fragmento de espaço solidário e estreito" (p. 22). Os prisioneiros e os carcereiros modernos se encontrarão, da mesma maneira que os traidores (e também os trapaceiros), os justiceiros e os carrascos, não mais no Inferno do subterrâneo, mas na visibilidade da luz. Ao mesmo tempo, a revolução produz o *terror* imediato, ainda que tenha sido um desejo da massa que assim permaneceu até a primeira metade do século XX. Dela desdobrou-se o terror de cima para baixo e de baixo para cima. Mundo das maquinações, no qual, paradoxalmente, seus efeitos e variadas gestações incutiram o medo e a revolta na massa e obstaculizaram as variadas experimentações de liberdade que pretenderam repor as práticas da sociedade secreta. As revoluções foram apropriadas das massas pelos condutores napoleônicos e vanguardistas, bismarckianos e minoritários que se escoraram na prática do terror para *conquistar* e *conservar*.

No ano seguinte, Foucault (1963, p. 47), em outro texto, sugere outra dimensão inesperada aos efeitos reguladores das revoluções: a dissolução do dentro e fora, seguindo Blanchot: "escrever para não morrer". O que vaza e escapa, agora, é a produção do inquietante, do insuportável: "é preciso falar sem cessar, por tanto tempo e tão forte quanto esse ruído infinito e ensurdecedor" (p. 52). As maquinações alcançam situações *menores* nas relações de poder: é preciso falar, escrever, escancarar o medo, dizer um tanto do insuportável. Tomemos a literatura. A escrita de Sade, encarcerado, sai aos borbotões. Transborda a fala do encarcerado pela escrita, e pouco importa a quem é destinada, pois o "exato do 'sadismo' não é o outro, nem seu corpo nem sua soberania: é tudo aquilo que pôde ser dito" (p. 54); é a contundência. Sade e os romances de terror, segundo Foucault, inserem o essencial, "a necessidade de estar sempre em excesso e em falta" (p. 57). Contudo, há algo não observado por Foucault, algo mais sobre a liberdade como um reverso complementar de Sade. Em *Frankenstein* de Mary Shelley, o criador e a criatura queimam sobre um *iceberg*, fim do jogo das perfeições imperfeitas, com o subterrâneo expandido para a superfície da água, vis-à-vis à navegação interrompida da utopia, perfectibilidade deformante, constatação inequívoca da obra libertária de Willian Godwin, seu pai, censurada e escorraçada pelos conservadores na cena inglesa do final do século XVIII. Uma obra contra o direito, a prisão, a dominação e a exploração, em favor da vida livre, liberta da política e dos seus ensimesmados direitos, que, com ironia, sua mulher e mãe de May Shelley, Mary Wolstonecraft redigiu o *Em defesa dos direitos da mulher*, em 1780, no ano seguinte à declaração universal francesa.

Nada de subterrâneo, sociedade secreta, masmorras ou gaiolas; nada de direitos universais, carcereiros e justiceiros, pois todo direito se funda na violência, situava Godwin em *Da justiça política*, publicado em 1793, antecipando-se a Proudhon, Marx, Nietzsche, imediatamente à resposta de Kant, em 1784, a *O que são as Luzes?* e antecipando-se aos eloquentes discursos a favor da prisão humanista. Godwin situava como estar fora de subterrâneos. Entretanto, foi remetido ao ostracismo não só pela ordem vigente, mas também pela ordem revolucionária que se seguiu, devido ao seu discurso libertário elaborado na confluência com uma contra-história inglesa, com o frescor de liberdade livre de segurança. A liberdade burguesa, sabemos, não prescinde de segurança e se expandiu pelos efeitos iluministas no socialismo e no comunismo. A liberdade, então, passou a oscilar entre a ordem do subterrâneo e a das gaiolas, entre a Bastilha, as prisões modernas, os terrorismos políticos e os campos de concentração.

Um livro – o *Frankenstein*, o *Da justiça política*, o *Em defesa dos direitos da mulher*, Sade encarcerado –, cada qual compõe a Biblioteca de Babel, onde todos os livros são retomados e consumidos, um lugar sem lugar, uma *heterotopia*, como situará, anos mais tarde, Foucault acerca da nossa existência possível, desvencilhada do subterrâneo e da gaiola. Um "volume" diz Foucault, que coloca "seu murmúrio entre tantos outros – após todos os outros, antes de todos os outros" (p. 59). À maneira de Enrique Villa-Matas (2004) em *Bartleby e companhia*: "Desconfio dessas pessoas sobre as quais todo mundo concorda em qualificar como inteligentes. Sobretudo se, como acontece no caso de Wittgentein, a frase mais citada dessa pessoa tão inteligente não me parece que seja precisamente uma frase inteligente. 'Sobre o que não se pode falar, é preciso calar'". Viver no subterrâneo, é viver o contraste do personagem de *Memória do subsolo* de Dostoiévsky, *o melhor é não fazer nada!*, que se opõe ao rompimento silencioso de Bartleby de Melville, que põe a cara e o corpo para fora — *prefiro não* —, e que reaparece tão presentemente na atualidade, como resposta silenciosa a tantas reformas, adesões e participações nos protestos e marchas em andamento, clamando por empregos à supermãe racionalidade neoliberal, compondo saturnais midiáticas e espetacularizando o sexo.

Escrever para não morrer não é recusar Bartleby, mas a tagarelice;[3] é desistir de ser um autor no espetáculo do mercado literário, tal como conta Vila-Matas ao encerrar seu livro a respeito do escritor anarquista Ret Marut, autor de *O Segredo de Sierra Madre*, desaparecido no México em 1923, e que passou a escrever como B. Traven e tantos outros pseudônimos, dissolvendo sua identidade, enganando a todos, afinal, as palavras nos abandonam como no último escrito de Tolstói (faça o que deve, acon...[teça o que acontecer]). Coisa de libertário: sumir, como Arthur Cravan, o estranho admirado por Breton e detestado por Duchamp, sem notícias, desde o desaparecimento no Golfo do México, em uma embarcação com destino a Buenos Aires, ou talvez meio envolvido na Revolução Mexicana, ou seja, deixou-se para fabulações.[4] A atenção se volta também para com o silêncio, nas variações do compositor anarquista John Cage, sobre o que poderia não ser música convencional, um silêncio anarquista indecifrável para quem não é libertário, e para anarquistas que prescindem de subterrâneos.

Nada a acrescentar sobre a liberdade que não seja estar livre do fora e dentro dos subterrâneos, das sociedades secretas, das gaiolas e espelhos: menos luz, por favor! Liberdade como experimentação, nada de segurança. Liberdade desvencilhada das sociedades secretas, dos conspiradores e dos institucionalistas com seus terrores de baixo, de baixo para cima, de cima para baixo, dos céus sobre o inferno, terrores, que muitas vezes precisam ser respondidos com terrorismos. Uma *fuga*: o terrorismo anarquista de Émile

---

[3] Bartleby ultimamente tem aparecido na literatura de resistências, como na tradição marxista contemporânea, relacionado a instigador de políticas libertadoras, ou como uma recusa ou afastamento para dar passagem a uma política radical. Cf. NEWMAN, 2011, p. 43.

[4] Disponível em: <http://revistas.pucsp.br/index.php/ecopolitica/article/view/11393>.

Henry,[5] no século XIX, contra o público privatizado, os soberanos, o tribunal e a prisão: um ato de liberdade sem direitos e contra o direito, uma bomba de morte com seus fogos de artifícios libertários, provocando o desconforto no tribunal, abdicando de defensores e paladinos, perturbando o confortável discurso conservador, os idealismos anarquistas, e, por conseguinte, os afeitos às sociedades secretas: o terror usado para destruir uma ordem no momento, uma contraconduta que não busca reformar a governamentalidade[6]: *prefiro não*.

Filosofia contra os surdos

Foucault (1978) sublinhava que um dos principais papéis do filósofo no Ocidente é o de pôr limites ao excesso de poder. Portanto, ele é um antidéspota. Dos *moderadores* do poder – Sólon legislador e Platão pedagogo – aos cínicos que zombam do poder, todos inscrevem as funções filosóficas. Entretanto, desde a Revolução Francesa, a filosofia passou a ter relação orgânica com os regimes políticos. Destacam-se Rousseau e a reação napoleônica, Hegel e o bismarckismo, Marx e o leninismo, e a paradoxal relação entre Nietzsche e o nazismo. Segundo Foucault (1978, p. 42), "essas filosofias da liberdade instituíram, a cada vez, formas de poder que, seja na forma do terror, da burocracia ou ainda do terror

---

[5] Disponível em: <http://www.nu-sol.org/verve/pdf/Verve7.pdf>.

[6] Em outra ocasião analisei as oscilações terroristas, incluindo as anarquistas. Cf. PASSETI, 2006, P. 95-121. No mesmo livro, vide os demais artigos produzidos para o Colóquio *Terrorismos*, realizado pelo Nu-Sol em 2006, na PUC-SP. "O terrorismo é o insuportável que insiste em declarar que não está morto. E que ameaça reemergir continuamente. Se houver alguma relação com a emergência do terrorismo contemporâneo, estamos na iminência de *outros* terrorismos". Andre Raichelis Degenszjan. *Terrorismos e terroristas*. Dissertação de mestrado, PUC-SP, 2006, p. 145.

burocrático, eram o próprio oposto do regime da liberdade, o contrário mesmo da liberdade tornada história". Assim sendo, transparece nessa conferência de Tóquio o que mais tarde ficará mais presente em Foucault, ou seja, a filosofia como contrapoder, não mais profética (legisladora ou pedagoga), mas intensificadora das lutas, não mais situando "a questão do poder em termos de bem e mal, mas sim em termos de existência" (p. 43). Sair, enfim, da paralisia em que ela se encontra e se deslocar para os exercícios insuportáveis do poder em uma história imediata: "nas lutas às quais me refiro", continua o filósofo, "não se trata absolutamente de reformismo, já que o reformismo tem o papel de estabilizar um sistema de poder ao cabo de um certo número de mudanças, enquanto, em todas essas lutas, trata-se da desestabilização dos mecanismo de poder, de uma desestabilização aparentemente sem fim" (p. 51).

Essa questão para os dias de hoje, portanto, não é para os *indignados* ou os mobilizadores de *ocupações*, cujas lutas se aninham no reformismo, ainda que busquem apresentá-las a partir de outras maneiras de organização, que nem sempre se relacionam com partidos e sindicatos, pretendendo-se independentes ou autônomas. Nesse sentido, a contraconduta se mostra uma prática constitutiva da governamentalidade, principalmente por deixar intocada a versão laica do poder pastoral reformado pela busca do céu terreno com o nome de *empregos*, *democracia real*... Não são mais lutas revolucionárias, muitas vezes porque a revolução deixou de ser um desejo da massa ou de *invenção de um povo* para ser a realização de uma minoria numérica despotencializada, portanto, pretendendo compor o governo majoritário, e pelas quais o indivíduo se reconhece como aposta para o poder de ampliação dos fluxos de assistência e de seguridade.

Não há mais um subterrâneo onde se gesta um novo mundo, tampouco conspirações efetivas. Fora desse mundinho, o que sobressai é o subterrâneo fundamentalista, principalmente o islâmico e os renovados nacionalismos, como inflamações dos tumores epidérmicos que o Ocidente responde com segurança e dispositivos de exceção próprios do regime democrático. São os novos redutores de terrorismos, tal como estes ficaram conhecidos a partir do século XVIII, "porque de modo mais geral o terror se revela como o mecanismo mais fundamental da classe dominante para o exercício de seu poder, sua dominação, sua hipnose e sua tirania" (FOUCAULT, 1976, p. 66).

Foucault (1978, p. 69), à sua maneira, deslocando-se dos grandes exercícios de poder pelos regimes políticos, sublinha que cabe ao intelectual de hoje "restabelecer para a imagem da revolução a mesma taxa de desejabilidade que a existente no século XIX". Não a grande revolução, mas aquela que enfrenta o insuportável no cotidiano, ou seja, o poder pastoral, a conformação da governamentalidade crente no soberano, e que pode vir a propiciar direitos antissoberania. Há em Foucault a presença de certa tese da *revolução permanente*, alheia ao termo trotskista, obviamente, e mais tangencial, talvez, à reflexão de Proudhon, pelos esgarçamentos nas relações de poder por meio do associativismo. Todavia, devemos tomar cuidado com esta palavra *associativismo*, pois ela acabou capturada, como tantas outras, pelo jogo de poderes que afirma a relação entre Estado e sociedade civil contemporânea que se ajusta às condutas *moderadas*, mesmo as que se proclamam apartadas da eloquente justificativa do *fim das revoluções* e da adesão às práticas da racionalidade neoliberal, principalmente pela *escolha racional*.[7]

---

[7] "Pode-se argumentar que o governo não deve destruir direitos de propriedade privada se quiser garantir liberdade política aos seus cidadãos, já que eles devem permanecer independentes de seu controle. Entretanto, *propriedade privada* nesse sentido não significa uma reivindicação de posse sobre os meios de produção, mas uma parcela legalmente

Para Foucault, o filósofo antidéspota não é um democrata moderno ou contemporâneo. Entretanto, não devemos desconhecer que a Revolução Islâmica-Khomeini trazia uma desejabilidade de massa análoga à da Revolução Francesa, provocando entrechoque de soberanos, contratos, subterrâneos, sociedades secretas e dominação... Essa desejabilidade da massa não enfrentou uma situação de terror interno para além do inevitável na acomodação das grandes revoluções, mas instituiu outros combates de minorias islâmicas e abriu caminho para o terrorismo islâmico da Al-Qaeda, que ora serviu para desestabilizar a URSS, no Afeganistão, ora para ameaçar seu antigo parceiro e fomentador, os EUA. Foucault deve ter se dado conta de que, no Oriente, para além do confucionismo, mas em outros termos, também há uma "filosofia" legisladora e pedagógica, e por isso calou-se depois dos desdobramentos da Revolução do Irã.

Foucault (1975, p. 30) salientava que todo intelectual que funciona à margem pensa "o presente como crise". Trata-se de uma recomendação cínica para os legisladores e os pedagogos. Mas não foi com esses olhos que viu o Irã e não se equivocou ao expor que a política não é o campo do prazer. Este propicia suprimir a dicotomia dentro e fora

---

protegida de seu produto. Se um cidadão sabe que sua renda depende do cumprimento de certas tarefas bem definidas, relacionadas com seu emprego, e que a lei o protege de perdas de rendimentos que resultem de quaisquer ações desvinculadas daquele emprego, ele é livre para seguir suas próprias inclinações políticas, independente dele (*sic*) trabalhar para o Estado ou para uma firma privada. Ele possui seu **emprego** e, desde que cumpra seus deveres, não pode ser privado dele sem o devido processo da lei. [...] Concordaríamos em que o governo não deve abolir *tanto* esse tipo de propriedade privada quanto a posse privada dos meios de produção, se é para existir liberdade política; portanto, o poder econômico do governo tem alguns limites. Além disso, já que toda propriedade privada depende de um sistema legal independente da política, um dos elementos da constituição de nosso modelo deve ser esse sistema" (DOWNS, 1999, p. 34, grifo meu).

e é próprio da antipolítica; não se localiza na *crise* imediata ou anunciada, pois esta alimenta as oscilações de saúde e doença, de bem e mal, e está no campo do desejo, da falta, ou até mesmo da realização desejável que nele se encontra sem ser a falta, como situou Gilles Deleuze. Contudo, essa relação delicada que produziu atritos entre os dois filósofos não é o escopo desta reflexão.

Para nossos propósitos genealógicos, os feitos revolucionários do século XVIII modificaram o suplício pela introdução da cela, a construção dos delinquentes, como pessoas "rejeitadas, desprezadas e temidas de todo mundo" (FOUCAULT, 1975b, p. 33), e seus correlatos empreendimentos em correção psicológica. Enfim, segundo Foucault, situa-se aqui, na consolidação da prisão moderna e, por conseguinte, do direito penal, o rompimento com os ilegalismos populares na medida em que com a prisão passou a ser possível controlar e vigiar o que saiu das camadas populares e torná-lo o alvo das hostilidades populares. No interior da prisão, este comporá o *exército de reserva de poder* recrutado para funcionar para a ordem em situações de tensão política ou de vida cotidiana com a polícia, evidenciando a funcionalidade da estratégia política para transformar em estilhaços os ilegalismos populares. No âmbito econômico, comporão ilegalismos lucrativos com prostituição, tráfico de drogas, etc. e disso decorrerá, pela identificação dos chamados criminosos, a aceitação cada vez maior dos controles policiais pela população o que indica, por sua vez, a procedência a desejabilidade por segurança.

A população estilhaçada não desconhece os vínculos entre o *exército de reserva de poder*, polícias e empresários, mas dela quer se ver livre, deseja encarcerada, quer segurança a qualquer custo e reconhece que, se não é possível acabar com os ilegalismos, é preciso reduzi-los. Esse vaivém aciona reformas prisionais e penais que levam hoje à *prisão de segurança máxima*, destinada a delinquentes para quem não se deve mais investir em correção, e pouco importa se haverá ou não acréscimos nos custos correcionais; assim Guantánamo, em sua justa medida assemelha-se, incialmente, ao campo de concentração soviético e ao nazista. Neste todos são presos comuns, derretendo-se a categoria de preso político na de *criminosos*;[8] em Guantánamo os prisioneiros de guerra eram tratados com as mesmas técnicas de extração da verdade dos presos comuns e apartados das fiscalizações internacionais dos direitos humanos. A semelhança está escancarada. Não porque o campo de concentração soviético se encontra no centro de uma cidade,[9] entre a convivência pacífica e normalizada de cidadãos, mas porque o outro está presente, corriqueiramente, na vida dos cidadãos por meio da mídia na casa e nos

---

[8] "A denominação de 'combatente inimigo' elaborada pelo governo estadunidense foi veiculada nos discursos da Guerra ao Terror, sendo pronunciada de forma oficial no documento do *Memorandum for the President on the application of the Geneva Convention to al-Qaeda and the Taliban*, de 26 de janeiro de 2002. A criação deste conceito para denominar os 'terroristas' foi uma maneira de reinterpretar e burlar o direito internacional e, consequentemente, de ativar novos mecanismos de prisão e tortura aos terroristas capturados nas ações da Guerra ao Terror. Com o novo conceito, o governo dos EUA buscou justificar a negativa às disposições da Convenção de Genebra relativa ao tratamento de prisioneiros de guerra, dizendo que os agentes envolvidos nos ataques de setembro de 2001 não se enquadravam nas categorias militares, nem mesmo na condição de guerrilheiros. [...] O Departamento de Justiça fundamentou sua interpretação que deu origem ao conceito de *combatente inimigo* argumentando que: 1) 'o Estado Afegão, que dava abrigo e suporte aos terroristas era um "Estado falido" que não exercia o controle do território'; 2) 'o governo Talibã era um grupo que exercia força ilegítima, um grupo de natureza propriamente terrorista'. Cf. DUARTE. Conferir memorandum em: <http://www.justice.gov/olc/docs/aclu-ii-012602.pdf>.

[9] "O vice-ministro da Justiça da URSS precisou que em seu país a noção de preso político sequer existe. Só são condenáveis os que visam enfraquecer o regime social e o Estado, através da alta traição, da espionagem, do terrorismo, das falsas notícias, da propaganda caluniosa. Em suma, ele dava, sobre o direito comum, a definição que se dá em qualquer outro lugar do direito político" (FOUCAULT, 1976, p. 190).

seus aparelhos móveis de conexão eletrônica e que considera o terrorismo intolerável. Não porque o campo de concentração nazista constituía encenações, como Theresienstadt, para fiscalizações da Cruz Vermelha, mas, ao contrário como visibilidade ostensiva da punição. Em todos esses casos eles estão visíveis como espaço de repressão à ordem, seja dentro da cidade, seja noutro território, e não foi inconsequente a escolha simbólica da instalação de Guantánamo em uma ponta da ilha de Cuba. Portanto, concordando com Foucault, os campos de concentração stalinistas exalavam um terror que em si era político; por sua vez, Guantánamo não suprimiu esses ares. URSS e EUA puniam e punem de modo semelhante, em conformidade com a ordem burguesa estabelecida desde a Revolução Estadunidense e a Revolução Francesa, e obtiveram e obtêm da sociedade as respectivas adesões.

Para Foucault (1976, p. 196) o terror, "não é o máximo da disciplina, é seu fracasso" (p. 196). E arremata: "penso que as sociedades do século XVIII inventaram a disciplina porque os grandes mecanismos do terror se tornaram ao mesmo tempo demasiado custosos e perigosos. Desde a Antiguidade o terror era o quê? Era o exército, a quem se entregava uma população, e que queimava, pilhava, violentava, massacrava. [...] O campo de concentração foi uma fórmula mediana entre o grande terror e a disciplina" (p. 196-197). O exército ainda é, seja por Guantánamo, seja pela memória das ditaduras civis-militares na América Latina, o principal defensor da ordem interna, nessa guerra por outros meios políticos em que em uma determinada situação se configura repressiva. Mas há um determinado momento do terror, menos relativo à soberania, mas à maneira de governar as ilegalidades em que os presos e os delinquentes não mais estão relacionados ao *exército de reserva de poder* como disponibilidade imediata à recomposição política da ordem soberana. Falo da situação pela qual se combina o investimento ilegal do tráfico e a prisão contemporânea e se redimensionam as relações polícia-prisioneiros. Nela consolida-se outro subterrâneo, com sua sociedade secreta e que se inscreve, visivelmente, nas organizações lucrativas capitalistas. Os exemplos seriam muitos, passando por mercenários, empresas de segurança privada para proteção de exércitos em situação de guerra ou *estados de violência*, como indicou Frédéric Gros, organizações mafiosas, imbricações com representações políticas, milícias de monitoramentos que devem sempre estar relacionadas com a criação e combate das SS e SA nazistas, falanges franquistas, fascistas e integralistas, enfim, são muitas as organizações que oscilam entre a legalidade e a ilegalidade lucrativa, zelando pelo Estado. Não sei se esse assunto é da alçada de uma filosofia cínica, mas sei que está revestida pela filosofia legisladora e pedagoga.

O terror do tráfico organizado e o terrorismo grego contra a *crise*

Do ponto de vista da política, o terrorismo passou a ser encarado juridicamente como ações contra o Estado moderno, resguardando a este toda e qualquer medida que garante seu inaugural papel de preservador da ordem. Desta maneira, passou a ser usual designar o terrorismo como afronta violenta ao Estado e ao regime. Entretanto, como vimos, não há terrorismo que não seja, também, uma contundência ao estado das coisas e ao Estado. Nesse sentido é que devemos distinguir terrorismo de terror. No terrorismo há uma prática de garantia da ordem pelo Estado, sob a forma de exceção juridicamente demarcada, ou uma prática contundente que investe na alteração da soberania e em seu limite na supressão do Estado (anarquismos); no terror aninham-se as práticas diversas que regulam condutas dentro de uma ordem e que não se funda em uma exceção, mas compõem para o funcionamento de instituições austeras (não só a prisão, mas também hospícios), ilegalismos econômicos, suplícios privados contra crianças e mulheres, controle do medo da população por meios de comunicação de massa. Terrorismos articulam condutas e contracondutas relacionadas à soberania, o terror as articula por meio de tecnologias de poder. De toda sorte, o Estado é a *categoria do entendimento*.

John Locke, no século XVII, indicava a legitimidade da rebelião contra o soberano desde que este atuasse para além de suas prerrogativas. Na tradição liberal contemporânea, essa justificativa, no âmbito externo, resume-se às intervenções que Estados fortes devem fazer em Estados fracos ou falidos, que, por carecerem de institucionalizações democráticas minimamente consolidadas, ficam expostos a rebeliões que põem em risco negócios e acordos político-econômicos. No campo das relações internacionais as rebeliões estão relacionadas à segurança estratégica. No âmbito interno elas respondem às variadas *motivações* voltadas a conturbar a ordem e fincar bases de um regime desestabilizador ao *bloco hegemônico*, que, para tal, utiliza-se do terrorismo de Estado contra o que lhe é *inimigo* configurado como práticas terroristas. Não foram poucas as medidas para *minar* os terrorismos contra o Estado ao longo dos dois últimos séculos, sempre voltadas à manutenção do regime, seja como resposta ao equilíbrio de poderes na época das relações bilaterais, seja compreendida no quadro atual de globalização e de instauração gradual de regimes democráticos no Oriente, depois das reformas democráticas por vias autoritárias na América Latina.

De outro lado, como vimos, o terror instaura-se nas prisões de maneira convencional e é aceito como componente da vida entre *perigosos* em uma instituição austera cujo sucesso depende de seu fracasso revisado constantemente. Poderíamos ainda incluir o terror provocado pelos suplícios privados contra crianças e mulheres no interior das famílias, regulado, ultimamente, pelo dispositivo da denúncia, funcionando com regulamentações de direitos, abafando o terror dos castigos corporais e subjetivos, e explicitando que direitos e denúncias são incapazes de abolir o terror fundado na cultura do castigo. Também não deve ser esquecida a propaganda *antiterror* difundida no cinema pelo gênero terror, que lançou mão de inúmeros temas para instigar o medo aos *inimigos políticos* sob a forma do sobrenatural, invasão de alienígenas, situações hipotéticas de golpes de Estado, espionagens, superioridades militares, enfim, um variado temário cujo objetivo foi e é o de educar as condutas e reiterar a importância do medo, da delação, do herói individualista, compondo um quadro de enfrentamento e reiteração do medo.

O terror, de um lado, é a maneira pela qual se instiga o fascínio pelo sobrenatural, com "excesso" e "falta", e consequentemente reforça não só religiosidades, como também funciona para difundir credo na lei, nas forças policiais, militares e paramilitares, na vida comum de um *middle class* ou de quem sonha em se tornar um cidadão *seguro*. O terror literário e cinematográfico conecta-se a outras mídias contemporâneas pelo noticiário constante e os programas de relacionamentos por internet, fortalecendo o circuito opinativo sobre a vida democrática livre.

Passados os anos de terrorismos de *esquerdas* e de *nacionalistas* na Europa e dos individualistas estadunidenses como *Unabomber*, o mundo da contundência radical pelo terrorismo está temporariamente pacificado, sob o signo da vida na *crise* por meio de manifestações regulares sobre os efeitos econômicos e governamentais? O terrorismo ainda permanece uma questão em aberto no Oriente Médio?

Nos anos 1980, o terrorismo passou a ser relacionado com a chamada *guerra às drogas*. Os episódios conectados foram vários: tráfico relacionado ao terrorismo político a ser pacificado; tráfico e seus representantes políticos no Estado e na burocracia governamental; tráfico e seus sicários e milícias; tráfico de drogas e a corrupção policial; tráfico e domínio de zonas das cidades; vínculos com bancos e comércio *ilegal* de armas... O tráfico passou a ser o alvo principal posto que a ele se filiaram os terrorismos de *esquerda*, principalmente na América Latina. As medidas diretas e indiretas repercutiram em contenção geral do vínculo, restando ainda algumas negociações com as Forças Revolucionárias da Colômbia (Farc).

Hoje, no Brasil, o tráfico é combatido com medidas repressivas ordinárias e programas repressivos policiais como UPPs (Unidades de Polícia Pacificadora) e UPP social, no Rio de Janeiro. A favela virou *comunidade*, a polícia assumiu o controle que era de traficantes, o cinema e a televisão reiteram os programas de integração social e tudo parece estar sob o controle, incluindo as atividades do Comando Vermelho. Em São Paulo, desde o surgimento do PCC (Partido do Comando da Capital), incluindo seu estatuto, os enfrentamentos caminharam do levante nas prisões em 2001 à paralização da cidade de São Paulo em 2006 e ao atual *estado de violência* cujo mote se circunscreve nas disputas entre a referida empresa, a polícia, as milícias e possíveis novos acordos e *negócios*. Dois termos a serem destacados neste momento: o PCC como empresa e a produção de acordos. No interior dessa restrita argumentação as análises do Nu-Sol[10] mostraram como uma organização *ilegal* passa a funcionar no controle normativo das prisões, facilitando redutores de rebeliões, acomodações ao *regime disciplinar diferenciado*, e, principalmente, ao conectar a prisão e o tráfico possibilitar, contemporaneamente, a formação da empresa

---

[10] <http://www.nu-sol.org/hypomnemata/hypomnematas.php> e, em especial, os números extras de fevereiro de 2001, maio de 2006, 141, 149, entre outros.

e do empreendedorismo.[11] O terror comandado por *salves* que indicam toque de recolher, definição da economia dos homicídios reativos e a introjeção passiva do comando pelos habitantes de bairros e favelas, sob o controle do tráfico, atuam sobre cada um e nas reações policiais; desdobram-se em longas conversas sobre penalizações, estado das prisões, vendetas, programas de saúde para usuários de drogas ilegais, programas de segurança, que no conjunto reforçam mais repressão (policial ou de milícias). A população serve ao tráfico, aos programas de segurança, de saúde, de lazer, e também se organiza em pequenos empreendedores em zonas *pacificadas* e tomadas pela polícia e exército, seguindo os efeitos positivos de Medelín-Colômbia para o Rio de Janeiro e um *negócio* ainda em tramitação envolvendo PCC, prisões, governos, direito penal e empresas em São Paulo. A pena de morte se metamorfoseou em execução sumária. Esse terror passa a ser administrado conectando-se prisão, equipamento repressivo, equipamento social e controle *possível* do tráfico, pois não há nenhuma movimentação que vise alterar o proibicionismo[12] às drogas por liberação das drogas. Esse efeito demandaria uma reviravolta na economia, envolvendo instituições financeiras, indústria bélica, controles eletrônicos, enfim, colocaria em xeque o dispositivo proibicionista.

Passemos brevemente ao reverso desse cenário tomando a situação da Grécia após a *crise do* crédito de 2008, e em

---

[11] Tomemos o livro de referência de Mancur Olson. Para ele, o empreendedor, no sentido de Schumpeter, estava relacionado ao pioneiro homem vendedor de negócios. Todavia, novas incursões de economistas deslocaram a questão também para a atuação voltada ao provimento de benefícios a grupos não organizados e enfatizaram o *empreendedor político* (líder que organiza esforços para o benefício coletivo). Essa prática supõe *negócios* e o recomeço constante dos mesmos, ao mesmo tempo que dinamiza a *oferta* de empreendedores políticos no mercado, levando-os a lutar para comporem grandes grupos..

[12] Cf. RODRIGUES, 2004.

especial o caso da Conspiração das Células de Fogo (CCF)[13] – associação identificada como nihilista, anarco-individualista, ou adepta do terrorismo revolucionário e rejeitadas pelos seus componentes – em julgamento desde 2011. Assim ela se expressa: "Deixamos a pré-história da luta de classe definitivamente para trás. Não temos confiança alguma na classe operária-funcionária que se inclina diante de seus chefes e que a única coisa que quer é copiá-los e imitá-los, e que ao mesmo tempo se subleva por um punhado de moedas que lhes atiram sobre a mesa".[14] Situa-se diante da continuidade dos terrorismos, dos espetáculos do tribunal, das resistências diante do insuportável, colocando em xeque por suas ações diretas as lutas pelo *emprego*, os acordos na União Europeia com o comando da Alemanha, o superpoder do Banco Central europeu, a união fiscal para controle do chamado déficit público e do Produto Interno Bruto (PIB), a situação empregadora do Estado grego, as oscilações de *esquerdas*, o atual comodismo da *classe operária* e dos usos e abusos sobre a pertinência do conceito de luta de classes orientando não só os radicais do leninismo como os do anarquismo de tendência bakunista e kropotkiniana. Uma política radical ainda não prescinde de terrorismo.

A CCF passou a ser identificada como coordenadores de todo terrorismo na Grécia, ainda não identificados com

---

[13] "Trata-se de uma rede ilegal de ação minoritária, uma rede de companheiros, sem líderes nem seguidores, que organiza seus desejos e pensamentos sempre ao lado do bando da revolução. Em nossas ações negamos o monopólio da violência e armas do Estado." *La vigencia de la Negación y la sobria sinceridade de nuestras intenciones.* (NUESTROS NEGROS COMPLOTS, 2011, p. 319).

[14] Sobre o histórico do terrorismo anarquista, associado à *propaganda pela ação*, consultar: <http://recollectionbooks.com/bleed/ArchiveMirror/terrorismesAnarchistes.htm>. Para um detalhamento sobre os usos dos termos *propaganda pela ação* ou *propaganda pelo fato*, ver Degenszjan, 2006, p. 60-61.

a Al-Qaeda, e os cidadãos foram acionados para denunciar o "novo terrorismo", incluindo a massiva notificação da imprensa sobre a CCF como "as crianças do terrorismo" e que redunda em pronunciamentos repetitivos das autoridades estatais sobre a "'erradicação do terrorismo, a modernização da polícia e a ordem e a segurança" (NUESTROS NEGROS COMPLOTS, 2011, p. 45)[15]. A CCF passou a gravitar na órbita da política *antiterrorista* que se formou desde os atos terroristas dos anos 1970 e que ganharam notoriedade na década seguinte[16]. "A estratégia do 'antiterrorismo' representa uma gestão especial policial-penal do inimigo interno, com o objetivo de realizar sua estrita vigilância sem nenhuma distração. O 'antiterrorismo' se destaca pela flexibilidade de seus métodos, inclusive, é capaz de criar exceções nas regras da ordem democrática. Neste caso, pouca importância tem os estereótipos tradicionais da justiça burguesa, as presunções de

---

[15] "Essencialmente o Poder exerce uma ameaça crua: a ameaça do medo, do terrorismo. O terrorismo e a coação são as únicas maneiras para que se construa e sobreviva o governo. 'Se não for trabalhar, morrerá de fome, se delinquir, perderá sua liberdade, se não se assemelhar, será empurrado para a margem'. São simples exemplos das obrigações psicológicas impostas pelo terrorismo do regime, que com isso e um revólver aponta entre os olhos de cada dominado". (NUESTROS NEGROS COMPLOTS, 2011, p. 65).

[16] A respeito da situação da Cruz Negra Anarquista identificada como grupo terrorista, assim como outras organizações, aplicou-se na Espanha democrática o FIES (Fichero de Internos de Especial Segmento). "Nestas fichas 'especiais' encontram-se anarquistas, militantes do ETA, muçulmanos acusados de envolvimento com a Al Qaeda, objetores de consciência, traficantes, imigrantes ilegais e pessoas acusadas de envolvimento com o 'crime organizado' ou supostamente ligadas a grupos políticos na prisão. O argumento de combate ao FIES articulado pelas CNAs [Cruz Negra Anarquistas] comporta a apresentação de técnicas de governo utilizadas pelo Estado espanhol para eliminação dos indesejáveis ao produzir um cárcere dentro do cárcere, configurando um método de eliminação pelo isolamento e indução ao suicídio." O FIES está relacionado não só à prisão de segurança máxima, como também a Guantánamo. Cf. AUGUSTO, 2006, p. 135.

inocência e as provas demonstrativas, os direitos e as confissões. A prioridade é a da sistemática recolhida e a capacidade de correlacionar as informações, uma extenuante e ampla investigação policial, como também o fato de as sentenças judiciais deverem ser severas e inexoráveis, o encarceramento deve ser capaz de isolar e aniquilar e, claro, os meios de comunicação devem estar conectados e coordenados com os porta-vozes da Polícia" (NUESTROS NEGROS COMPLOTS, 2011, p. 100-101).

As exposições de motivos da Conspiração das Células de Fogo externam outra face do terrorismo contra o Estado por meio de lutas contundentes. De qualquer sorte, há algo nesse terrorismo que indica o descolamento das tradicionais ideologias de esquerda com seus vínculos partidários e repõe novamente a *propaganda pela ação* dos anarquistas. É como se voltássemos um pouco na história, retomando a contundência contra o Estado, e não mais como maneira de recolocar a soberania. Enfim, na mesma medida que os *novos movimentos* também procuram organizar-se independentemente de partidos, mas crentes em direitos, Estados e seguridade social, vivemos uma época em que as representações política e sindical gradativamente entram em baixa na produção de verdades das lutas sociais e outras problematizações contundentes começam a ser esboçadas, sem deixar de lançar mão do terrorismo.

O islamismo passou a ser o principal inimigo, o *criminoso*, e a ele se destina o combate policial internacional, incluindo prisões e execuções. Ele é o alvo dos Estados Unidos e da Europa para o qual não se mobiliza, diretamente, os exércitos. Apresenta-se a outra face herdada da revolução e do terror sobre a destruição do *outro* com base na mesma ideia de paraíso. No caso do terrorismo islâmico, o terror não substitui o paraíso celestial pelo terreno, mas o combina de outra maneira, com o acesso ao paraíso pela ação dos mártires. Agora, a democracia passa a funcionar como ideia de paraíso pela sua imposição arbitrária do Ocidente ao Oriente, como a verdadeira utopia e ao mesmo tempo realização do capitalismo, acenando com o paraíso com consumo, oscilações de empregos, direitos humanos, a conformação do trabalhador como *capital humano*, e correlatos índices de desenvolvimento humano e de felicidade, concretizando a eficácia da racionalidade neoliberal fundada na *desigualdade entre iguais*. Desde o genocídio em Ruanda (julho de 1994) e a intervenção na Líbia (março de 2011), introduziu-se um novo dispositivo intervencionista de objetivo democrático por meio da *responsabilidade de proteger* do Conselho de Segurança da ONU (RODRIGUES, 2012). A tortura neste embate entre o terrorismo islâmico e a intervenção democrática passa a ser norma, assim como proliferam os dispositivos de exceção, pois o *imigrado,* preferencialmente identificado com o islamismo, passa a ocupar o lugar do alvo ideológico anterior que animou a Guerra Fria.[17]

Entretanto, quando focamos a produção do terror, constatamos, ao contrário, o empreendedorismo em alta, conectando *negócios* entre organizações chamadas criminosas com empresas, polícias e Estado de direito, em um movimento em que, para assegurar a *paz*, convém produzir *acordos* para que certos ilegalismos permaneçam em paz.

---

[17] Um liberal sincero como Tzvetan Todorov (2012) vê neste processo a produção de riscos à democracia com avanços do populismo. A divisão direita e esquerda, segundo o autor, fica anulada pela priorização das reivindicações dos "de baixo"; a democracia deixa de valorizar as minorias étnicas para funcionar pela adesão majoritária, diluindo sua característica *moderadora* para firmar-se populista e anular as conquistas advindas do multiculturalismo. Jurgen Habermas vê no atual processo político europeu, em que a Grécia é o principal alvo das contenções, riscos à solidificação da União Europeia, com direitos humanos e respeito pela *dignidade humana* em direção a uma "sociedade mundial constituída, ou seja, de uma "condição jurídica cosmopolita (no sentido kantiano, revisto contemporaneamente)". Cf. HABERMAS, 2012, p. 30.

Vivemos sob o persistente signo da *crise* em uma época de acomodações do terror e dos terrorismos, em cujos extremos estão o fundamentalismo islâmico e a Conspiração das Células de Fogo; a aceitação da execução sumária dos terroristas pelo Estado; a administração do terror pelas organizações de traficantes conectados à prisão; a permanência do suplício privado como terror contra crianças e mulheres gerido pelo sistema de denúncias; os novos arranjos para a segurança interna e externa diante de *estados de violência*.

As condutas e as contracondutas, neste momento, indicam reiterações reformadoras, crença na polícia, no cidadão-polícia que vigia os demais e é monitorado constantemente pelos dispositivos eletrônicos, em tribunais. E o que menos surpreende é que todos concordam com as cirúrgicas execuções sumárias e torturas em uma era de pletora de direitos, de panaceia democrática e de orgulho pelo Estado de direito em aperfeiçoamento.

Referências

AUGUSTO, A. Os anarquistas e as prisões: notícias de um embate histórico. *Verve*, São Paulo, NU-SOL, v. 9, p. 129-141, 2006. Disponível em: <http://www.nu-sol.org/verve/pdf/Verve9.pdf>. Acesso em: 10 jun. 2013.

BOURDIEU, P. Dois imperialismos do universal. In: LINS, D.; WACQUANT, L. *Repensar os Estados Unidos*: para uma sociologia do superpoder. Campinas: Papirus, 2003.

DOWNS, A. (1957). *A teoria econômica da democracia*. São Paulo: Edusp, 1999.

DUARTE, J. P. G. P. *Terrorismo e sociedade de controle*. Dissertação (Mestrado em Ciências Sociais), Pontifícia Universidade Católica de São Paulo (PUC-SP). São Paulo, 2011.

FOUCAULT, M. (1962). Um saber tão cruel. In: FOUCAULT, M. *Ditos e escritos III. Estética: literatura e pintura, música e cinema*. Rio de Janeiro: Forense Universitária, 2001. p. 13-27.

FOUCAULT, M. (1963). A linguagem ao infinito. In: FOUCAULT, M. *Ditos e escritos III. Estética: literatura e pintura, música e cinema.* Rio de Janeiro: Forense Universitária, 2001. p. 47-59.

FOUCAULT, M. (1963). Um "novo romance" de terror. In: FOUCAULT, M. *Ditos e escritos III. Estética: literatura e pintura, música e cinema.* Rio de Janeiro: Forense Universitária, 2001. p. 16-18.

FOUCAULT, M. (1975a). A política é a continuação da guerra por outros meios. In: FOUCAULT, M. *Ditos e escritos VIII. Segurança, penalidade e prisão.* Rio de Janeiro: Forense Universitária, 2012a. p. 29-31.

FOUCAULT, M. (1975b). Dos suplícios às celas. In: FOUCAULT, M. *Ditos e escritos VIII. Segurança, penalidade e prisão.* Rio de Janeiro: Forense Universitária, 2012b. p. 32-36.

FOUCAULT, M. (1976). Michel Foucault: crimes e castigos na URSS e em outros lugares. n: FOUCAULT, M. *Ditos e escritos IV. Estratégia, poder-saber.* Rio de Janeiro: Forense Universitária, 2001. p. 187-202.

FOUCAULT, M. (1976). O saber do crime. In: FOUCAULT, M. *Ditos e escritos VII. Arte, epistemologia, filosofia e história da medicina.* Rio de Janeiro: Forense Universitária, 2011. p. 62-69.

FOUCAULT, M. (1977). Prefácio. In: FOUCAULT, M. *Ditos e escritos VIII. Segurança, penalidade e prisão.* Rio de Janeiro: Forense Universitária, 2012. p. 59-62.

FOUCAULT, M. (1978). A filosofia analítica da política. In: FOUCAULT, M. *Ditos e escritos V. Ética, sexualidade, política.* Rio de Janeiro: Forense Universitária, 2004. p. 37-55.

HABERMAS, J. *Sobre a constituição da Europa.* São Paulo: Unesp, 2012.

NEWMAN, S. A servidão voluntária revisitada: a política radical e o problema da auto-dominação. *Verve,* São Paulo, Nu-sol, v. 20, p. 23-48, 2011. Disponível em: <http://revistas.pucsp.br/index.php/verve/article/view/14543>. Acesso em: 10 jun. 2013.

NUESTROS NEGROS COMPLOTS. *La vigencia de la Negación y la sobria sinceridade de nuestras intenciones.,* 2011. Disponível em: <http://www.hommodolars.org/web/IMG/pdf/libro_conspiracion.pdf>. Acesso em: 10 jun. 2013.

OLSON, M. *A lógica da ação coletiva.* São Paulo: Edusp, 1999.

PASSETTI, E. Terrorismos, demônios e insurgências. In: PASSETTI, E.; & OLIVEIRA, S. (Org.). *Terrorismos.* São Paulo: Educ, 2006. p. 95-121.

PASSETTI, E. Ensaio sobre um abolicionismo penal. *Verve*, v. 9, São Paulo, NU-SOL, p. 83-114, 2006. Disponível em: <http://www.nu-sol.org/verve/pdf/Verve9.pdf>. Acesso em: 10 jun. 2013.

PASSETTI, E. Pensamento libertário, terrorismos e tolerância. Lisboa: Iseg, 2007. (Coleção Socius working papers). Disponível em: <http://pascal.iseg.utl.pt/~socius/publicacoes/wp/wp200702.pdf>. Acesso em: 10 jun. 2013.

RODRIGUES, T. *Política e drogas nas Américas*. São Paulo: Educ, 2004.

RODRIGUES, T. Segurança planetária entre o *climático* e o *humano*. *Revista Ecopolítica*, São Paulo, Nu-Sol/PUC-SP, v. 3, p. 5-41, 2012. Disponível em: <http://revistas.pucsp.br/index.php/ecopolitica/article/view/11385/8298>. Acesso em: 10 jun. 2013.

SCHMITT, C. *O conceito do político*. Petrópolis: Vozes, 1992.

TODOROV, T. *Os inimigos íntimos da democracia*. São Paulo: Companhia das Letras, 2012.

VILA-MATAS, E. *Bartleby e companhia*. São Paulo: Cosac Naify, 2004.

A filosofia política face ao mal político: a imagem do inferno revisitada

Beatriz Porcel
Tradução de Sandra Maria Andrade Barbosa

As experiências políticas extremas do século XX, as diversas manifestações totalitárias, pensadas filosoficamente, põem em discussão questões importantes como: a própria modernidade, a inteira tradição da filosofia política, a condição humana nas suas duas possibilidades de pluralidade ou superfluidade, a servidão voluntária que se instaura e o mal político. É nesse sentido que se apresentam à nossa leitura as primeiras respostas filosófico-políticas que foram formuladas, tentativas de explicação desses acontecimentos, ensaios que puderam responder às perguntas – *o que aconteceu, por que aconteceu* e *como pôde acontecer?*, dentre os quais se encontra, sem dúvida, *Algumas reflexões sobre o hitlerismo*, de Emmanuel Levinas, interrogação inaugural escrita em 1934. Depois, Karl Popper, George Lukács, Max Horkheimer e Theodor Adorno, Ernst Cassirer, Hannah Arendt e outros filósofos que fazem parte do que Abensour chama *geração do exílio* e Richard Wolin de *os filhos de Heidegger:* Leo Strauss, Karl Löwith, Eric Voegelin, Herbert Marcuse, Günther Anders – todos foram, cada qual a seu modo e com diferentes pontos de vista filosóficos, atores relevantes no debate. Muitos dos textos mencionados oferecem uma configuração teórica que tem vínculos com certas fontes da tradição da filosofia política, com determinadas formas de compreensão do real e com elementos das formas de dominação extremas. Quer dizer que, além de serem considerados acontecimentos históricos, tais eventos políticos foram analisados em termos de crise da metafísica, de crise intelectual e espiritual, de questionamento sobre o mal. Neste trabalho faremos uma referência – breve – às hipóteses de Arendt e nos dedicaremos a alguns aspectos de Levinas e Strauss.

Emmanuel Lévinas e o mal elementar

Em 1934, pouco tempo depois da ascensão de Hitler ao poder, é publicado na revista francesa *Sprit* um ensaio de Emmanuel Levinas intitulado *Algumas reflexões sobre a filosofia do hitlerismo*. Trata-se de um breve texto de natureza filosófica, que não é político nem sociológico, e que tem como ponto de partida a análise da "filosofia" que fundamenta o hitlerismo, a trama dos motivos e dos propósitos que lhe conferem traços essenciais e o distingue de outras formas de vida social. É um dos escritos mais precoces, no qual se pode perceber o choque entre a filosofia, entendida como tarefa do pensamento, e uma forma de governo extrema e radical. A tradução norte-americana é lançada em 1990 em um *"Post scriptum"* no qual Levinas volta a considerar a possibilidade de um *Mal Elementar,* que traça um arco temporal que corresponde quase à metade do século XX e que pretende responder, em termos biográficos, à pergunta que faz a si mesmo em uma entrevista: "Por acaso minha vida ter-se-á passado entre o hitlerismo incessantemente pressentido e o hitlerismo do qual se recusa todo esquecimento?" (ABENSOUR, 2001, p. 25). Ao longo de vinte páginas que não chegam a ser a exposição de um pensamento completo, apenas um ensaio, lemos algumas reflexões a partir de um título que ressoa estranho: de que pode tratar uma "filosofia do hitlerismo", já que estamos habituados a considerá-la uma ideologia, uma doutrina, o desvario de um maníaco? O título traz um oximoro provocativo: o que pode haver de comum entre Hitler e a filosofia? Levinas diz:

> Este artigo nasce de uma convicção: que a fonte da sangrenta barbárie do nacional-socialismo não está em nenhuma anomalia contingente da razão humana, nem em nenhum mal-entendido ideológico ocidental. Neste artigo existe a convicção de que tal fonte está vinculada a uma possibilidade essencial do *Mal Elementar* a que a boa lógica podia conduzir e do qual a filosofia ocidental não estava suficientemente resguardada. (LEVINAS, 2001, p. 23).

Levinas impõe a si mesmo a tarefa de fazer evidente a dimensão ontológica do evento totalitário, de indagar fundo para determinar o que se esconde por trás da máscara da ideologia. O hitlerismo é definido como um ataque sem precedentes ao humano e que se estabelece em posição de ruptura radical com a ideia de liberdade própria da civilização europeia. "A filosofia do hitlerismo [...] põe em questionamento os princípios próprios de toda civilização" (LEVINAS, 2001, p. 7). Levinas não explica tanto este ou aquele fato, ou as condições deste ou daquele ator, mas sim a *Stimmung* – a disposição espiritual, a consciência coletiva – que nasce desse fenômeno político. Para ele, a novidade ontológica do nacional-socialismo radica na primazia outorgada à experiência do corpo: o corpo é afetado pela experiência existencial do "encadeamento" e do "estar-ligado". A exaltação e a apoteose do corpo, do sangue e da raça, o modo da identidade como "encadeamento ao biológico", produz uma maneira de ser no mundo que, ao cancelar toda possível evasão à transcendência, nega toda possibilidade de liberdade e se vincula à total servidão. O centro-chave da vida espiritual do hitlerismo radica-se, assim, no isolamento do ser sobre si mesmo, na dimensão do corpo: "o biológico, com tudo o que comporta de fatalidade, torna-se algo mais que um *objeto* da vida espiritual, converte-se no coração" (LEVINAS, 2001, p. 16).

Para Levinas, o nacional-socialismo não é nenhuma patologia da razão humana; ele considera que se deve ir além dessa ideia, até à própria possibilidade do Mal, sobre a qual a filosofia ocidental não fez interrogações suficientes. O mal totalitário é apresentado por Levinas como um risco implantado na ontologia do ser, atravessado pela vontade de ser; um risco iminente do sujeito do idealismo transcendental que acredita ser livre por ter encontrado em si mesmo o próprio fundamento. Na verdade, privado de toda evasão do encadeamento consigo mesmo, pode se converter no "ser-a-reunir e a-dominar" (ABENSOU, 2001, p. 23). O encadeamento, longe de se constituir no privilégio da experiência da ontologia do hitlerismo, transforma-se em um "modo de ser" que se contenta na clausura da própria identidade. Assim, Levinas pode afirmar que a ideologia nazista é deformação de algumas correntes fundamentais do pensamento ocidental: o espiritualismo subjetivista e o materialismo.

O fato de que os seres humanos aceitem passivamente o encadeamento é uma característica própria da sociedade contemporânea, inclusive em sua versão liberal. O aprisionamento em uma finitude do ser exaltada como tal favorece a determinação de uma dinâmica identitária da loucura e dos delírios de dominação dos líderes totalitários, experiência que a modernidade ignorou até o século XX, mas que está contida em sua própria matriz ontológica. O acontecimento totalitário leva Levinas a rejeitar a ideia de que o pensamento filosófico deva ter por objeto privilegiado o ser e a afirmar que a história da metafísica termina inevitavelmente no niilismo no qual o Outro é reconduzido ao Si mesmo.

Afastando-se da aspiração por estabelecer a ideologia nazista, ou a expor suas perversidades, Levinas vai diretamente a seu tema: o mal. O caminho que Levinas escolhe é o de considerar os "sentimentos elementares" que estabelecem ou indicam o sentido dos acontecimentos que a alma percorrerá. A perspectiva fenomenológica levinasiana afirma que os sentimentos elementares, efetivos, intencionais, têm como eixo a questão do ser; nessa escrita, interessa a ele o modo do ser com o que o hitlerismo se fez carne no mundo para pôr em questionamento os princípios da civilização ocidental.

A questão do niilismo e sua relação com o hitlerismo, vinculada às reflexões de Nietzsche e Heidegger, estão presentes no texto de Levinas, ainda que o termo "niilismo" não apareça como tal. Para o autor, o nazismo é um despertar de "sentimentos elementares" (LEVINAS, 2001, p. 7), uma secreta saudade da alma alemã; o perigo radica em que se trata "do primário [...] de forças elementares", e por isto o hitlerismo "se faz interessante em termos filosóficos, pois os sentimentos elementares envolvem uma filosofia" (LEVINAS, 2001, p. 7). Para compreender esse aspecto, há que salientar o significado mais profundo da condição humana e da experiência europeia, há que reconhecer que todo o esforço da civilização ocidental - do cristianismo ao liberalismo – constituiu uma tentativa por liberar a "consciência" do "ser", de restituir à "alma" um poder sobre o "corpo". A aspiração dramática à liberdade é negada desde a raiz pela filosofia do hitlerismo, que conduziu o homem à condição originária do "encadeamento corpóreo", depois à negação da liberdade com a voz misteriosa do sangue, a apelação à herança e ao passado do qual o corpo é o enigmático portador. Assim, na análise levinasiana, a doutrina racial e antissemita assume um lugar central em sua análise do nazismo que se resolveria na negação de todos os valores e da própria humanidade do homem. Além disso, já em 1934, Levinas vê na ideia de "expansão" e de "conquista", ou seja, na guerra geral contra os outros povos, o resultado necessário e inevitável da ideologia hitlerista.

O texto faz um conciso exame das diversas figuras da civilização debatidas pela filosofia do hitlerismo como o judaísmo, o liberalismo e o marxismo; as três estabelecem figuras da emancipação do domínio do tempo, isto é, os gestos-chave da cultura europeia que levam os seres humanos a rebelarem-se diante da fatalidade do que é dado, seja histórico-social seja biológico, seja o corpo, que permite distanciar-se do que foi, compreender uma brecha entre o sujeito e o mundo, entre o sujeito e o corpo. "O que é, segundo a interpretação tradicional, ter um corpo? É suportá-lo como um objeto do mundo exterior. [...] É o sentimento da eterna estranheza do corpo a respeito de nós o que alimentou o cristianismo e o liberalismo moderno." (LEVINAS, 2001, p. 14).

Muito diferente é o hitlerismo, cuja novidade reside em outorgar preeminência e exaltar sangue e raça, e o conseguinte "enraizamento" do homem ao corpo. O nazismo é uma "filosofia primária" e, por ser assim, ativa as forças brutas de uma nação, desnudando "a secreta saudade da alma alemã", perigosa e, ao mesmo tempo, "filosoficamente interessante". O nazismo sacode os alicerces de nosso pensamento e faz com que seja possível se dizer, mediante a caneta de Levinas, que instaura uma ruptura radical com a modernidade.

Mal Elementar é uma imagem que aparece no *Post scriptum* de 1990, vizinha semanticamente à dimensão arcaica, ao primitivo e primário e que na visão levinasiana remete à materialidade pura do ser. O acesso ao ser é produzido na escuridão, não através de ideias claras e diversas; uma noite na qual as coisas ficam indiferentes, e na qual só resta a pura presença da existência.

No texto de Levinas encontramos reflexões de caráter metafísico sobre o hitlerismo: a que interpreta a adesão a essa filosofia como um "estar ligado" ao próprio corpo, à própria etnia, à própria terra, em um sistema de sujeições voluntárias sempre ao próprio que rejeita toda possibilidade de abertura ou de transcendência; o nazista dogmático é, para Levinas, um ser natural, que ao negar a liberdade se confirma na escravidão voluntária. Essa posição produz uma dominação sobre os corpos que se torna manifesta sob as formas do racismo, da eugenia e do higienismo e não pode ser realizada sem uma alienação aceita, sem uma servidão consentida, própria de sujeitos que não rejeitam o domínio sobre os corpos e que se sentem parte integrante de um organismo biológico, o "povo". Como todo organismo não pode identificar-se, a não ser pela exclusão dos que não fazem parte dele, a transformação do corpo social é, para o nazismo, purificação étnica e saneamento individual. Esse caráter assinala a antimodernidade da versão totalitária nazista. A segunda nota metafísica da proposta levinasiana é a que propõe Abensour em um gesto teórico que aproxima Heidegger do nazismo. Abensour, tomando Levinas, crê que no pensamento de Heidegger e de Hitler há uma indiscutível primazia da preocupação pelo ser e pela "tarefa de ser em si mesmo" (ABENSOUR, 2001, p. 93) que contradiz o mandamento ético do reconhecimento do outro; o "outro" é derrubado pelo "si mesmo", ocupado pela autenticidade própria.

Nesse precoce texto de 1934, Levinas assinalou algumas notas do nazismo que lhe permitiram expor uma "filosofia do hitlerismo", que propõe "um ideal que proporciona ao mesmo tempo a sua própria forma de universalização: a guerra, a conquista". A inteligência filosófica de Levinas se manifesta ao identificar o racismo nazista com o resultado da determinação corporal do espírito, com a definição de um povo em bases raciais e com a definição de uma não raça, impura, para a qual o estatuto de humanidade é negado. Mais que uma forma de dominação dentre outras, o racismo põe em questionamento a própria humanidade, uma consideração que foi expressa naquele momento, e que ainda nos incumbe no nosso presente.

Leo Strauss e o niilismo como catástrofe

O texto intitulado "O niilismo alemão" é uma conferência dada por Leo Strauss em 1941 em um Seminário da New School for Social Research de Nova York. Trata-se da única ocasião na qual o filósofo fará referência à experiência totalitária, e o faz a partir de uma perspectiva que considera o fundamento do nacional-socialismo como sendo o niilismo alemão. Quase da mesma maneira que Levinas, também rejeita considerar que o nazismo esteja ligado à loucura de um líder capaz de alienar um povo inteiro; pelo contrário, o nazismo está enraizado na história da Alemanha e na história da modernidade, que fica assim, outra vez, *sub judice*.

Duas coisas chamam a atenção nos parágrafos iniciais do texto. A primeira está relacionada com as precauções tomadas por Strauss diante da pergunta – o que é niilismo? E – o que é niilismo alemão? Precauções que se referem à impossibilidade de responder a essas questões devido à sua complexidade; a segunda coisa é a segurança com a qual o autor vincula o niilismo alemão com o nacional-socialismo. "Atualmente, quando ouvimos a expressão 'niilismo alemão' muitos de nós pensamos rápida e instintivamente no nacional-socialismo". (STRAUSS, 2008, p. 125). Esse vínculo é mostrado como fruto de certa irreflexão e em correspondência com uma determinada forma de niilismo: a "mais baixa, mais provinciana, mais inculta e mais desonrosa" (STRAUSS, 2008, p. 125), uma espécie de vulgarização que para Strauss pode explicar parte de seus êxitos terríveis, e sua provável destinação à derrota total.

Para Strauss, os totalitarismos, em sua versão nacional-socialista, fascista e comunista; expressam o grau máximo da decadência moderna e são o resultado de um pensamento secularizado e relativista. Strauss apresenta uma releitura da filosofia política ocidental cifrada em uma progressiva deriva niilista. Nesse texto aparecem de maneira definida os temas que serão decisivos em sua filosofia política: a crítica do historicismo como "dissolução do sentido" e a recuperação da filosofia política clássica como resistência à tirania; ambos os temas se conjugam para confrontar o totalitarismo.

Para Strauss, verifica-se na Alemanha uma rejeição niilista de todos os marcos da civilização e, ao mesmo tempo, uma incompetência dos defensores da civilização em defender seus princípios, o que o filósofo atribui ao historicismo imperante (STRAUSS, 2008, p. 137). O historicismo, que afirma o caráter histórico do pensamento e dos valores, foi, para este autor, impotente em deter o avanço do nacional-socialismo. Ele sustenta que o niilismo alemão foi um projeto de destruição específico: a destruição do espírito do Ocidente, e o nazismo, a forma mais conhecida e mais vulgar, desse niilismo, ligado ao militarismo prussiano e à exaltação da guerra, do sangue e do heroísmo. A rejeição dos princípios da civilização por parte do niilismo alemão é, ao mesmo tempo, a afirmação das virtudes militares cujo objetivo é a destruição, a morte, a tortura dos mais indefensos nas mãos dos mais fortes.

Strauss assevera que o niilismo propõe a destruição da civilização, não da cultura, porque o termo "civilização" designa o processo pelo qual um homem se converte em cidadão, amante da paz, e não em um escravo amante da guerra. "Civilização" designa uma *kultur* consciente da humanidade, portadora de uma razão que tenta compreender tudo o que pode estar contido em um homem, tanto a razão prática quanto a razão teórica. A definição de niilismo como vontade de destruição da civilização atual, da civilização moderna, não deve ser confundido com o niilismo entendido como crítica radical à civilização moderna como tal (STRAUSS, 2008, p. 139). Fica explícito, por outro lado, que não se trata de um niilismo absoluto, uma vontade de destruir tudo, mas sim de "um desejo de destruir algo específico: a civilização moderna... é a negação da civilização moderna, o Não" (STRAUSS, 2008, p. 126); esse desejo de destruição assenta-se num significado moral: a civilização moderna apresenta-se como um modelo de sociedade aberta enquanto o niilismo alemão encoraja uma forma fechada, que decide pela guerra e se funda no sacrifício. Ele fica, então, a favor da guerra, da conquista e das virtudes bélicas. Strauss (2008, p. 143) não duvida ao afirmar que "a ação de destruir, matar e torturar é a fonte de um prazer quase desinteressado para os nazistas como tais [...] que experimentam um autêntico prazer do espetáculo diante daqueles que, fortes e sem piedade, subjugam, exploram e torturam os fracos e indefensos".

No momento de apontar qual o percurso já feito pela civilização alemã, Strauss (2008, p. 147) considera que houve filósofos "tentados a insistir demasiado sobre a dignidade da virtude militar e nos casos mais importantes, como Fichte, Hegel e Nietzsche, que cederam a essa tentação". Dessa maneira, Strauss acredita que a filosofia alemã criou uma tradição de desprezo pelo senso comum e pela finalidade da vida humana, tal como era entendido pelo senso comum. Isto, acrescentado ao juízo romântico sobre uma ordem de coisas superior no passado, são – para esse autor – motivos para um retorno ao ideal pré-moderno; o nacional-socialismo seria o exemplo mais conhecido e o mais vulgar do retorno ao ideal pré-moderno, não um "real" ideal pré-moderno, mas, isto sim, interpretado. Os alemães, diz Strauss (2008, p. 152), acentuaram excessivamente a ruptura da tradição até chegar à rejeição da civilização moderna, "à rejeição do princípio de civilização como tal, que é o niilismo". A crítica straussiana está dirigida à mentalidade historicista que abriu a porta ao nacionalismo, a uma força niilista que nega a razão, a verdade e a filosofia para dissolvê-las no devir histórico.

Hannah Arendt: a compreensão do mal

No que diz respeito à teoria política de Arendt, desenvolvida com base nas origens e consequências do evento totalitário entendido como catástrofe de todas as tradições políticas do Ocidente e como cenário no qual o mal radical fez sua aparição, queremos nos referir somente à relevância que adquire em suas análises o campo de extermínio. Este foi interpretado como um laboratório, como uma fábrica de cadáveres, como um ponto de não retorno e como a verdade última na qual se leva a cabo a alteração da realidade humana. Em uma carta a Jaspers, Arendt (2010, p. 209) diz: "Não sei realmente o que é o mal radical, mas acho que de algum modo tem a ver com os seguintes fenômenos: fazer com que sejam supérfluos os seres humanos como seres humanos... tudo isto surge, aliás, depende do delírio de uma onipotência *do* homem". Algumas linhas mais adiante, a autora descoloca a questão do mal para a filosofia política ao suspeitar que esta não é totalmente inocente; já que nunca apresentou um "conceito puro do político" porque "falava *do* homem e tratava marginalmente o fato da pluralidade" (ARENDT, 2010, p. 210). As formas totalitárias não tratam somente de dominar os seres humanos, o que de várias maneiras todos os sistemas políticos tentaram levar adiante, mas sim que a política obstaculiza as condições da existência humana: a natalidade, a pluralidade, a ação, a liberdade e a aparição de cada um no espaço público. O que Arendt assinala é que as formas totalitárias interferem com a ontologia dos seres humanos e os reduz a corpos e almas a serem destruídos.

O universo concentracionário demonstra que o ser humano, destruído primeiro como pessoa jurídica, depois como pessoa moral e por último como individualidade singular, pode ser reduzido a um feixe de reações animais que negam toda a capacidade de espontaneidade e toda a liberdade. O campo de extermínio não serve somente para exterminar seres humanos, mas também para experimentar a fabricação em série de um novo espécime humano, como possibilidade de domínio total. Arendt está interessada em mostrar como a ideia de "domínio total" toma progressivamente forma na história, manifesta-se e torna-se concreta ao interior de processos históricos concretos materializando-se, essencialmente, no campo do extermínio. Esse lugar representa, fazendo-a real e tangível, a "imagem do inferno" na Terra (ARENDT, 2005); é um espaço material no qual o conceito de "domínio total" reconhece sua encarnação, "fábricas da morte" que constituíram um "crime contra a Humanidade" (ARENDT, 2005, p. 248). A lógica que conduz toda forma política extrema de sujeição nega e clausura o que é próprio da polícia, o espaço público do 'entre', o território que permite que a esfera pública seja o lugar do aparecer. Por isso, as formas totalitárias podem ser caracterizadas como a contraversão da política (KOHN, 2007, p. 42), que comporta para cada um dos seres humanos a possibilidade de ser transformado em um espécime completamente sujeitado, inerme e passivo, quando não mutilado e desaparecido; em uma palavra, desumanizado. Nos campos de concentração não se trata apenas do assassinato de pessoas somente, mas também de fazer com que desapareçam, destruindo o movimento de sua própria existência. "Até agora, o mundo ocidental, inclusive nos seus períodos mais escuros, sempre concedeu ao inimigo morto o direito de ser recordado, pelo reconhecimento evidente do fato de que todos somos homens (e *somente* homens). Em certo sentido, arrebataram ao indivíduo sua própria morte, demonstrando com isso que nada lhe pertencia e que ele não pertencia a ninguém. Sua morte simplesmente certifica o fato de que realmente nunca tenha existido" (ARENDT, 1987, p. 549).

As experiências contemporâneas do terrorismo de Estado conduziram e conduzem de maneira sistemática e planejada os sequestros, as torturas e as desaparições de pessoas através de forças policiais e militares que asseguraram suas ações em campos clandestinos. As formas extremas do mal político continuaram demonstrando que, no âmbito político, "tudo pode suceder", palavras de David Rousset que Arendt retomou em *As origens do totalitarismo* e que continuam sendo nosso alerta. Que são fatos que "mudaram e envenenaram o ar que respiramos [...] e se converteram na experiência básica e na miséria básica de nossos tempos" (ARENDT, 2005, p. 248).

Coda[1]

Tentamos ler, muito brevemente, de que maneira a filosofia política interpretou não somente determinados conteúdos ideológicos, mas sua capacidade em relacionar o funcionamento de formas extremas de dominação com um determinado modo de compreensão do real, de reconstruções genealógicas que, talvez sem o devido cuidado, encontraram vínculos entre nossa tradição de pensamento filosófico e elementos constitutivos das formas totalitárias.

Que posições toma a filosofia política diante das formas extremas de poder e em face ao "mal político"? Estamos diante de um desafio que é o que surge quando o pensamento não se limita somente em adquirir conhecimentos,

---

[1] Final (de uma música).

quando aceita o risco de se aprofundar no acontecimento. A análise da filosofia política é imprescindível para poder reconhecer nas formas extremas de dominação um evento trágico, contingente e metafísico, ao mesmo tempo que põe toda a tradição filosófica, radicalmente, em discussão.

A filosofia política enfrentou-se com as formas totalitárias e pensou sobre elas em continuidade com o niilismo, com a razão dialética, com a teoria revolucionária, com a democracia, com as formas de Estado, e várias vezes teve de saltar os patamares tradicionais da crítica, numa tentativa rigorosa por responder às instâncias de sentido dos regimes políticos extremos, para compreender o que é incompreensível.

Dessa maneira, a filosofia política necessita resgatar espaços de liberdade, como o "Outro" de Levinas que faz resistência a ser parte de um sistema opressor, como o receio straussiano às derivas niilistas, como a singularidade e a pluralidade que Arendt quer resguardar de uma ameaça totalitária sempre presente, como intransigência diante do deserto que cresce.

Referências

ABENSOUR, M: El mal elemental. In: LEVINAS, E. *Algunas reflexiones sobre la filosofía del hitlerismo*. Buenos Aires: FCE, 2002.

ALTMAN, W. H. F. Leo Strauss on "German Nihilism": Learning the Art of Writing. *Journal of the History of Ideas*, v. 68, n. 4, 2007.

ARENDT, H. *Los orígenes del totalitarismo*. Madrid: Alianza, 1987. 3 v.

ARENDT, H. *De la historia a la acción*. Barcelona: Paidós, 1995.

ARENDT, H. *Entre el pasado y el futuro*. Barcelona: Península, 1996.

ARENDT, H. *Eichmann en Jerusalem*. Barcelona: Lumen, 2001.

ARENDT, H. La imagen del infierno. In: ARENDT, H. *Ensayos de comprensión*. Madrid: Caparrós Edit., 2005.

ARENDT, H. Carta a Jaspers del 4 de marzo de 1951. In: ARENDT, H.; JASPERS, K. *Lo que quiero es comprender*. Madrid: Trotta, 2010.

BATNITZKY, L. *Leo Strauss and Emmanuel Levinas*: Philosophy and the Politics of Revelation. Cambridge: Cambridge University Press, 2006.

KOHN, J. Il totalitarismo: il rovesciamento della politica. In: FISTETTI, F.; LUCIANI, F. R. *Hannah Arendt*: filosofia e totalitarismo. Genova: Il melangolo, 2007.

LEFORT, C. L'immagine del corpo e il totalitarismo. In: FORTI, S. (Coord.). *La filosofia di fronte all' estremo*. Torino: Einaudi, 2004a.

LEFORT, C. La imagen del cuerpo y el totalitarismo. In: LEFORT, C. *La incertidumbre democrática*: ensayos sobre lo político. Barcelona: Anthropos, 2004b.

LEVINAS, E. *Algunas reflexiones sobre la filosofía del hitlerismo*. Buenos Aires: FCE, 2001.

MRÉJEN Aurore: Deux-en-un de la pensée ou hétérenomie: la source normative contre le mal totalitaire chez Arendt et Lévinas. In: ANNABEL H. (Coord.). *Hannah Arendt totalitarisme et banalité du mal*. Paris: PUF, 2011.

OSIEL, M. Il massacro di stato. In: DONAGGIO, E.; SCALZO, D. (Coord.). *Sul male a partire da Hannah Arendt*. Roma: Maltemi Editore, 2003.

SHELL, S. To Spare the Vanquished and Crush the Arrogant: L. Strauss's Lecture on "German Nihilism". In: SMITH, S. (Ed.). *The Cambridge companion to Leo Strauss*. Cambridge: Cambridge University Press, 2009.

STRAUSS Leo. El nihilismo alemán. In ESPOSITO, R.; GALLI, C.; VITIELLO, V. (Comp.). *Nihilismo y política*. Buenos Aires: Manantial, 2008.

Terror e globalização

Vicente Sanfélix-Vidarte
Tradução de Horacio Luján Martínez e Vilma Aguiar

Os profetas da globalização

Há 152 anos Marx e Engels abriam O *Manifesto Comunista* com a célebre frase: "Um espectro percorre a Europa: o espectro do comunismo". Hoje essa frase só tem sentido salvo, talvez, como sarcasmo. O espectro que agora percorre não somente a Europa, mas o mundo, tem outro nome: o da "globalização".

Como todos os espectros, a globalização possui contornos difusos, de modo que não é nada fácil lhe dar uma definição. Por sorte, nossos acadêmicos nos tiram de apuros e, assim, o dicionário da Real Academia Espanhola, na sua 22ª edição, define-a nos seguintes termos: "Tendência dos mercados e das empresas a se expandirem, atingindo uma dimensão mundial que ultrapassa as fronteiras nacionais". Poderíamos acrescentar de passagem que, ao dar essa esquelética definição da globalização, os membros da Real Academia Espanhola parecem estar mostrando a influência de organismos como a OCDE (Organização para a Cooperação e o Desenvolvimento Econômico) ou o FMI (Fundo Monetário Internacional).

Ora, a globalização é entendida fundamentalmente como um fenômeno econômico; então, por surpreendente que possa parecer, acho justo dizer que Marx e Engels foram seus lúcidos profetas.

Com efeito, no mesmo *Manifesto* pode-se ler:

> A grande indústria criou o mercado mundial, já preparado pelo descobrimento da América. O mercado mundial deu um impulso gigantesco ao comércio, à navegação, às comunicações por terra. Por sua vez, esses progressos redundaram consideravelmente em proveito da indústria. E, na mesma proporção em que se estendiam a indústria, o comercio, a navegação, as ferrovias, desenvolvia-se a burguesia, cresciam seus capitais, iam deixando em segundo plano todas as classes advindas da Idade Média (MARX; ENGELS, 1992, p. 248-251).

E, se isso não fosse suficientemente claro, pouco mais na frente acrescentam:

> A necessidade de encontrar mercados impulsiona a burguesia de uma ponta a outra do planeta. Por todo lado precisa criar nichos, em toda parte constrói, com todas as partes estabelece relações. A burguesia, ao explorar o mercado mundial, dá à produção e ao consumo de todos os países uma marca cosmopolita. Durante as lamentações dos reacionários, destrói as bases nacionais da indústria. As velhas indústrias nacionais caem por terra, esmagadas por outras novas, cuja instauração é questão vital para todas as nações civilizadas, por indústrias que já não transformam, como antes, as matérias-primas do país, mas antes reclamam para sua satisfação os produtos de terras e climas remotos. Hoje, no lugar do mercado local e nacional que se bastava a si mesmo e onde não entrava nada de fora, a rede do comércio é universal e nela entram, unidas pelos vínculos de interdependência, todas a nações (MARX; ENGELS, 1992, P. 248-251).

Isso quer dizer que Marx e Engels pensavam que com a modernidade – a conquista europeia da América – tinha se iniciado um processo de expansão do modo de produção capitalista cuja conclusão lógica seria seu domínio do mundo todo, da orbe, do globo; ou seja: a globalização.

Desse modo, a globalização, a internacionalização das relações de produção capitalistas, a complexa interdependência de fenômenos econômicos ocorridos em longínquas partes do planeta – como, para dar um exemplo que nos é próximo, que as "hipotecas podres" dos ianques tenham acabado produzindo uma profunda crise na economia espanhola –, creio que teria surpreendido aos pais do marxismo muito menos do que pareceu surpreender a algum de nossos sábios políticos-economistas.

Ora, o que nós sabemos hoje, e Marx e Engels não puderam suspeitar, é que essa globalização que eles começaram a intuir em meados do século XIX não chegaria a se implementar de modo evidente senão depois que se desfizera a miragem do modo de produção socialista, e após uma revolução tecnológica dos meios de informação e comunicação que deixam a navegação e as ferrovias, que os autores do *Manifesto* tanto admiravam, ao nível dos fósseis do jurássico.

Pois bem, a pergunta que desejo levantar é: o que há em comum entre esse fenômeno essencialmente econômico com essa realidade, em última instância psicológica, que é o terror? Pois o terror não é senão uma forma exacerbada do medo, uma paixão da alma, isto é, algo de que a alma padece. Por que a globalização produz ou deveria produzir terror? E em quem produz ou deveria produzir?

Terrorismo e globalização

Para preencher este vazio que parece mediar o econômico e o psíquico, talvez possamos apelar, como espécie de ponte, ao político. Afinal, o termo "terror", ainda que não em sua acepção primeira, também remete a uma forma de governar: aquela que Robespierre tornou famosa durante a Revolução Francesa e que depois passou, como triste herança, para muitos outros regimes revolucionários.

De fato, se houvesse uma relação, através da ponte com o político, entre a globalização e o terror, esta pareceria ser antes a de uma proporção inversa. Em última instância, a globalização é um processo econômico que coincide com a hegemonia política dos sistemas democráticos, inimigos por definição do uso do terror como instrumento de governo, de modo que seu efetivo advento somente ocorreu depois da queda dos sistemas totalitários, para começar – o fascismo e o nacional-socialismo (e a versão local deles, na Espanha, o nacional-sindicalismo); depois, o comunismo –, que têm como escólio os sistemas que ainda subsistem, aqueles que, em exata correspondência, enxergam nos fenômenos que a globalização acarreta uma séria ameaça para sua subsistência (pode-se pensar, por exemplo, nas restrições que os governos de alguns desses países pretendem impor à internet)

Ocorre, então, que no papel e na *prima facie* a globalização não se encaixa muito bem com o uso do terror como instrumento político. Fica claro que, por isso mesmo, deveriam temer a globalização aqueles que querem utilizar ou utilizam o terror como instrumento de governo. Entretanto, se ao menos alguns inimigos da globalização são partidários do terror como meio de ação política, então a globalização, gerando esses inimigos, tem a consequência imprevista de que fomenta, sem o propor, o terrorismo de alguns de seus inimigos. Tem sido o caso do integrismo islâmico amparado por esse "balaio de gatos" que parece ser a organização Al Qaeda.

Se levarmos a sério Peter Sloterdijk (2006, p. 45-46), talvez devêssemos concluir que este é um terrorismo bastante arcaizante. Pois, como todo mundo sabe, o *modus operandi* desse terrorismo tem sido fundamentalmente físico-químico (a deflagração de explosivos ou o choque de aviões contra prédios) e não bioecológico – o que, segundo o pensador alemão, constituiria a nova essência do terrorismo legado pelo século XX –, não digamos telepático (Sloterdijk tem se referido em alguma ocasião ao projeto estadunidense HAARP – o High-frequency Active Auroral Research Program – "[...] do qual poderiam se derivar as condições científicas e tecnológicas para um potencial armamentismo através de superondas", mas do qual também "[...] cabe deduzir [...] algumas perspectivas encaminhadas para a produção de uma arma neurotelepática"),[1] ou climático; ambos constituem, segundo o autor de *Tremores de ar*, o terrorismo do futuro. E isso, apesar do alarmismo que se disseminou, uma vez perpetrados os atentados do 11 de Setembro de 2001, sobre a possibilidade de que os terroristas islâmicos se servissem nos seus ataques de substâncias tóxicas como o antraz. Lembro que a autoria dos ataques com antraz sofridos pelos Estados Unidos em setembro de 2001 não pode ser imputada ao terrorismo islâmico. E que as tentativas de incluir na contagem dos integralistas islâmicos na Espanha e na Inglaterra a intenção de utilizar o terrorismo biológico ficaram, pelo menos até onde sei enquanto escrevo este texto, sem muito fundamento.

Porém, esta conclusão não seria de todo correta. Pois, ainda que as armas de destruição massiva que o terrorismo jihadista tem utilizado até agora sejam bastante rudimentares – e esperamos que continuem sendo –, esse terrorismo tem se servido de muitos recursos que são símbolos destacados da globalização, particularmente das novas Tecnologias de Informação e Comunicação (TICs): internet, telefonia celular, etc. O que deveria nos levar a concluir que, pelo menos nesse aspecto, a globalização tem deixado sua marca no terror.

Assim, no meu entender, podemos ver no terrorismo integralista não somente como um terrorismo global pela sua etiologia – uma resposta à globalização –, mas também pelo

---

[1] Cf. Peter Sloterdjik *Temblores del aire. En las fuentes del terror*. Pretextos: Valencia, 2006. Ver páginas 45-46.

seu modo de atuação, no que toca à organização e infraestrutura, e pelo seu âmbito de atuação, não meramente local, mas global. De modo tal que talvez possamos concluir que este terrorismo é, apesar de sua intenção antiglobalizadora, parasitário da mesma. Ao fim e ao cabo, muitos de seus militantes se formaram e se preparam nas próprias sociedades ocidentais que funcionam como principais agentes catalisadores do processo globalizador e, por isso mesmo, se constituem nos principais alvos de seus ataques.

Por outro lado, pode ser interessante uma reflexão, ainda que breve, acerca da imagem que esse terrorismo se faz do Ocidente, a metrópole do mundo global. A esse respeito, parecem especialmente significativos os objetivos que os terroristas do 11 de Setembro se fixaram: as torres gêmeas do World Trade Center, o Pentágono e, ao que parece, o Capitólio. Isto é, um objetivo econômico, outro militar e outro político. Dado que, como aponta certeiramente Sloterdijk, todo terrorismo concebe-se a si mesmo como um exercício de defesa contra uma agressão prévia, não é difícil inferir que o que nós temos caracterizado em termos positivos – expansão do comércio, das redes de comunicação, da democracia – é visto pelos terroristas como um processo muito diferente, provavelmente como uma nova definição do imperialismo ocidental na qual os interesses econômicos, as estratégias militares e as decisões políticas estão estreitamente entrelaçados. Certamente, Marx e Engels (1992, p. 152) lhes teriam dado razão: "A burguesia [...] do mesmo modo que submete o campo à cidade, submete os povos bárbaros e semibárbaros às nações civilizadas, os povos campesinos aos povos burgueses, o Oriente ao Ocidente". Outra coisa seria saber se aos autores do *Manifesto Comunista* isto lhes teria parecido ruim. Suspeito que não.

Seja como for, o importante para nosso tema é que temos um terror que, ainda que como consequência imprevista e indesejável da globalização, leva sua inequívoca marca tanto em sua etiologia quanto em seu modo de operar ou no âmbito de sua atuação. Qual é o seu impacto?

Globalização e hiperfobia

Não há nada mais longe das minhas intenções que tentar desvalorizar a crueldade dos ataques terroristas de Nova York, Madri ou Londres, mas, considerando friamente e em conjunto, a eficácia mortal do terrorismo jihadista no Ocidente tem sido escassa: três atentados massivos num conjunto de quase nove anos; o último aconteceu há quatro. Outra coisa é a eficácia deste terrorismo contra interesses e cidadãos ocidentais que se encontravam ou se encontram fora de Ocidente. E, ainda mais diferente, é o impacto deste terrorismo contra interesses e cidadãos não ocidentais – de forma curiosa, principalmente islâmicos – fora do Ocidente. Ou estou muito errado ou a principal eficácia mortífera do terrorismo integralista, quem a padece hoje são as populações de países como Iraque, Afeganistão ou Paquistão.

Seja como for, o certo é que tal terrorismo tem alterado o mapa geopolítico do planeta. Basta considerar que ele desencadeou a intervenção no Afeganistão ou, mais importante ainda, a guerra do Iraque. É como se os governos ocidentais tivessem desenvolvido uma hipersensibilidade para as questões de segurança, hipersensibilidade que muito provavelmente conseguiram transmitir para suas respectivas opiniões públicas.

O que me interessa neste fenômeno é o que ele tem de sintomático. Poucos podem pôr em dúvida seriamente que as metrópoles da globalização estão nas sociedades mais seguras da história da humanidade. Mas, talvez por isso mesmo, nossa intolerância à insegurança tenha se exacerbado. No inverno de 1952-53, calcula-se que o *smog*[2] provocou em

---

[2] Poluição causada pelos veículos e pelas indústrias.

Londres a morte de cerca de 12.000 pessoas. Alguém pode imaginar o impacto que um acontecimento semelhante teria na opinião britânica atual? Vemos isso diariamente. Periodicamente surgem alarmes que logo desaparecem. A gripe A provavelmente foi o último episódio desses alarmes excessivos, mas quem se atreveria a comparar seu impacto com o da gripe espanhola, que entre 1918 e 1919 arrebatou a vida de mais de 40 milhões de pessoas (entre elas, diga-se de passagem, meus dois avôs)? Antes foi a gripe aviária, antes ainda as vacas loucas e bem antes o colapso informático que se esperava para a virada de século, e antes...

Essa hiperfobia, se me é permitido o neologismo, que tenho apontado pode ter sua causa precisamente nos altos níveis de segurança atingidos no seio de nossas sociedades. Mas, sem dúvida, ela tem sido alimentada igualmente por outros fatores não menos característicos da época global. Por exemplo, a onipresença dos meios de comunicação de massa, os famosos *mass media*. É certamente difícil hoje não nos inteirarmos do que ocorre. Aos antigos jornais se juntaram o rádio, a televisão e a internet. Proliferam, portanto, diferentes mídias em concorrência por um recurso escasso: a atenção do consumidor. Neste panorama darwinista não é de se estranhar que o sensacionalismo se transforme numa estratégia adaptativa às demandas do mercado para que a informação passe a ser rentável.

É precisamente desse efeito estereofóbico – para continuar com neologismos – que alguns meios de comunicação de massa têm, servem-se do terrorismo global para agigantar sua imagem, de modo que, como já se tem assinalado mais de uma vez, aqueles se convertem em involuntários cúmplices deste. Rüdiger Safranski (2004, p. 84-85), ao responder à pergunta quanta globalização podemos suportar, afirmou explicitamente: "O terrorismo – diz – age em dois planos: o concreto e o simbólico. Por um lado estão as ações, mas, ao mesmo tempo, é igualmente importante a difusão da notícia dos horrores. Por isso a mídia se transforma em cúmplice involuntário. Uns produzem o horror com a esperança de que outros o difundam....a essência do terrorismo moderno implica no uso do aparato da mídia com sua forma específica de difundir mensagens".

Em resumo, na sociedade global, o medo parece ter uma tendência interna ao crescimento. Uma vez posto em andamento, cresce como uma bola de neve caindo ladeira abaixo pelos meios de comunicação, que, com seus múltiplos ecos, o agigantam de modo sistemático.

É claro que também cabe perguntar se essa tendência à hiperfobia das metrópoles do mundo global depende unicamente de sua baixa tolerância à insegurança fomentada, precisamente, pelos altos níveis de segurança que nelas se respiram, e ao efeito estereofóbico de certos meios de comunicação de massa submetidos à lógica de uma situação de concorrência por capturar a atenção do consumidor de informação. Muitas vezes, a desproporção entre o pânico gerado e a periculosidade objetiva do fenômeno que o desencadeia, junto com o benefício que alguns setores tiram desse pânico, torna difícil resistir, contra o conselho popperiano de fugir das teorias conspirativas da história, à suspeita de que podem existir certos interesses espúrios alentando o crescimento do medo.

Aludi, antes, ao caso da gripe A. Em janeiro de 2011 a OMS (Organização Mundial da Saúde), frente às acusações recebidas de fomentar o alarmismo em benefício das multinacionais farmacêuticas, anunciava a abertura de uma investigação externa de sua gestão dessa pandemia. Mesmo que se tenha a firme convicção de que tal investigação acabará em nada, o caso serve para confirmar o que pretendo argumentar: a naturalidade, quase irresistível, com a qual passamos da lógica da situação para a suspeita da conspiração.

E o é que Zygmunt Bauman (2007, p. 22-23), em sua interessantíssima análise feita em *A vida líquida moderna e seus medos*,[3] tem assinalado:

> Da insegurança e do temor pode se extrair um grande capital comercial [...] Como tratar-se-ia de capital líquido pronto para qualquer investimento, o capital do medo pode se transformar em qualquer tipo de rentabilidade, seja econômica ou política. Assim acontece na prática. A segurança pessoal tem se convertido num argumento de venda importante (talvez o mais importante) em toda sorte de estratégias de mercado. A 'lei e a ordem', reduzidos cada vez mais a uma promessa de segurança pessoal (mais precisamente, física) têm se convertido em um argumento de vendas importante (talvez o mais importante) nos programas políticos e nas campanhas eleitorais.

No que diz respeito à rentabilidade comercial da hiperfobia, Bauman chama a atenção para aspectos como o incremento da venda de automóveis chamados 4x4 ou a proliferação de condomínios, que têm na segurança que prometem aos seus moradores um de seus principais atrativos.

Não é difícil, aliás, transitar da rentabilidade comercial à política. Quando alguns colégios oferecem linhas de aprendizado em línguas que não são dominadas por uma parte importante da população, ou quando algumas prefeituras se recusam a cadastrar os imigrantes, não estão vendendo segurança aos pais dos alunos – segurança de que seus filhos não se misturem com os alunos problemáticos – ou a seus cidadãos – uma vez que já se sabe que, para o ouvido de muitos destes, imigração e delinquência rimam?

---

[3] Publicada como primeiro capítulo do seu livro *Tiempos líquidos. Vivir en tiempos de incertidumbre*. Tusquests, Barcelona, 2007.

Se tivéssemos de olhar para além dos ganhos políticos imediatos que a hiperfobia das metrópoles do mundo globalizado pode proporcionar, talvez fizéssemos bem em prestar atenção, seriamente, a uma tese que Bauman sugere. Com efeito, segundo o sociólogo polonês, essa acentuação das políticas de segurança não é senão o reverso da decadência das políticas sociais que os governos das metrópoles ofereciam há até pouco tempo. Uma vez que é cada vez mais difícil se legitimarem pela proteção social que oferecem aos seus cidadãos, os governos procuram agora sua fonte de legitimação na segurança física que lhes proporcionam. Não deixa de ser surpreendente, nesse aspecto, o repentino fervor guerreiro adquirido recentemente, depois de aplicar as conhecidas medidas de ajuste econômico, por alguns dirigentes políticos, o que foi, até há pouco, estandarte do pacifismo e da social-democracia. Voltaremos depois a esta ideia. Por enquanto, quero dirigir a minha atenção para outros medos que a globalização gera, pelo menos, em alguns espíritos.

Medos existenciais

É óbvio que a globalização, ainda que seja fundamentalmente um fenômeno econômico, transforma a nossa existência, nossa forma de vida – se queremos dizê-lo wittgensteinianamente – ou de ser-no-mundo, se preferimos expressar-nos no dialeto heideggeriano.

Como acabamos de falar do efeito que os *mass media* globais têm sobre a carga emocional que acompanha a percepção de certos fenômenos por parte dos cidadãos das metrópoles do mundo globalizado – a hiperfobia, esse desajuste entre o medo experimentado frente a certos eventos e sua periculosidade objetiva –, não será necessária grande profundidade para chegar a compreender como esses mesmos *mass media*, santo e senha da globalização, condicionam a própria forma de nossa percepção dos fenômenos: sua temporalidade, por exemplo.

Se em épocas ainda recentes era inevitável a existência de um intervalo entre um evento do qual não fomos testemunhas diretas e o fato de nos inteiramos dele – o que, no caso de que ele fosse de natureza negativa, poderia ter o efeito (por vezes fictício) tranquilizador de que pelo menos o pior já tinha passado –, agora tal intervalo tende a se reduzir drasticamente, quando não desaparece pura e simplesmente – outra razão a mais para compreender o potencial estereofóbico das novas tecnologias de informação. Todos nós assistimos ao vivo à queda das torres gêmeas, por exemplo, ou pelo menos assim foi vendido para nós. Também a invasão das tropas norte-americanas ao Iraque: o terrorismo e a guerra televisados.

A contemporaneidade entre acontecimento e notícia é, pois, um traço típico das novas tecnologias de informação e comunicação características da época da globalização, de modo que nosso presente existencial se amplia. O presente é agora mais amplo como nunca foi antes, porque, literalmente, no "agora" somos capazes de presenciar, como nunca antes os seres humanos foram capazes, eventos que não acontecem em nossa presença física. Em resumo, o presente torna-se muito mais complexo do que jamais foi. E se o presente se torna mais complexo, outro tanto ocorre quando este presente se projeta no futuro ou decai no passado – daí a sensação, aliás real, de que esquecemos muitíssimo - , mas não porque nossa memória seja mais fraca, mas porque o volume dos acontecimentos para recordar tem crescido exponencialmente.

E se isso vale para o tempo, outro tanto podemos dizer para essa outra forma de intuição dos fenômenos que é o espaço. Se o efeito das TICs é o incremento da "contemporaneidade", também podemos dizer que o efeito da aceleração progressiva dos meios de transporte na época da globalização é o encurtamento das distâncias. Distâncias que antes se consideravam grandes – ou inclusive grandíssimas – se veem agora como insignificantes ou pequenas. Que são 80 quilômetros ou, inclusive, 2.000 quilômetros.? Podemos ser os primeiros a, cotidianamente, nos deslocar na nossa 4x4 para trabalhar, se optamos por viver fora da cidade, num desses condomínios seguras aos quais alude Bauman. Quanto aos 2.000 quilômetros, para encará-los, basta que a nossa companheira aceite a proposta de aproveitar a oferta lançada pelo operador turístico da vez para passar um fim de semana romântico em qualquer cidade do mundo.

Com o incremento da contemporaneidade, esse encurtamento das distâncias redunda em uma maior complexidade da experiência dos habitantes das metrópoles do mundo globalizado, cuja mobilidade, comparada com a de seus predecessores, têm se incrementado vertiginosamente. Basta comparar os quilômetros percorridos por nós com os quilômetros que percorreram nossos pais, imaginem os nossos avôs.

Esse encurtamento das distâncias, por outra parte, pode contribuir, do mesmo modo que a contemporaneidade de evento e notícia, para a produção do efeito hiperfóbico. Há poucas coisas que ocorrem muito longe que não possam chegar a nos afetar. Os terroristas podem entrar em nosso país vindos de qualquer lugar do mundo, e praticamente sem chamar a atenção, misturados na maré de viajantes que a cada dia passam por nossos aeroportos.

Por outro lado, não é somente a forma de nossa experiência, o espaço e o tempo, o que se torna mais complexa. Outro tanto acontece com o seu conteúdo, isto é: os nexos causais entre os eventos. É que em um mundo globalizado muitos eventos que nele acontecem entram imediatamente em complexos sistemas de interação. Um exemplo dentre mil possíveis: a declaração de guerra do presidente Obama aos banqueiros de seu país produziu perdas em todas as bolsas de valores do mundo.

Ora, se tanto por sua forma quanto por sua matéria a experiência dos habitantes das metrópoles do mundo globalizado torna-se extraordinariamente complexa, se expressarmos as questões segundo uma matriz kantiana, poderíamos dizer que a síntese dessa experiência em uma unidade coerente será difícil. Insiste-se, mais de uma vez, nos efeitos que as condições existenciais nas sociedades de capitalismo avançado têm sobre os aspectos práticos da subjetividade: massificação, anonimato, incremento do narcisismo, anemia moral, apatia, primazia da racionalidade burocrática e instrumental nas relações interpessoais... Por si mesmas elas podem explicar o receio que alguns filósofos, sociólogos e psicólogos têm demonstrado a respeito dessas condições.

Mas não somente os intelectuais têm razão em temer tais condições. Antes se dizia que o medo é uma paixão da alma. No artigo 58 de seu *Tratado sobre as paixões da alma*, aponta Descartes, o quanto *la crainte* tem a ver com a pouca probabilidade de conseguir aquilo que se deseja, seja o desejo de obter um bem seja o de evitar um mal. Isto é, o temor tem a ver, essencialmente, com a incerteza.

Ora, justamente a complexidade, em qualquer circunstância, é um fator de incerteza. De modo que não somente há razões para temer, como o fazem aqueles que sentem saudades de um "eu" íntegro, as condições existenciais do sujeito típico das metrópoles globalizadas, mas essas condições mesmas, pela sua complexidade, devem gerar nesse sujeito incerteza e, por isso, temor.

O global e o ominoso

Deste modo, não é de estranhar que muitos tenham expressado a nostalgia por uma vida menos global e mais local. Safranski (2005, p. 24-25), a quem já citamos, tem se servido de uma terminologia de ressonâncias heideggerianas para expressar essa decepção com o global:

> Mas tampouco o globalismo antinacionalista muda alguma coisa na fundamental condição antropológica de que a mobilidade e a abertura do mundo são compensadas com a radicação num lugar. Podemos nos comunicar e viajar globalmente, mas não podemos habitar no global. Somente é possível habitar aqui ou lá, não em toda parte. Para indicar com ênfase especial a radicação firme num lugar, no alemão se utiliza a bela expressão *Heimat* (a pátria, o íntimo) [...] agora necessitamos novamente de uma valoração positiva da pátria, e dela necessitamos, já por razões antropológicas, entre outras coisas. Com efeito, segue vigente este princípio fundamental: quanto mais temperada emocionalmente esteja a vinculação ao lugar próprio tanto maior será a capacidade de abertura ao mundo e a disposição para tal abertura.

Algo mais cauto, embora no final igualmente favorável à recuperação da *Heimat*, se mostra Sloterdijk.

Possivelmente, o ponto de vista de Safranski parece muito mais convincente para quem esteja familiarizado com a bela língua alemã. Ao fim e ao cabo, a globalização é uma enormidade, uma dimensão gigantesca, mas o gigantesco sempre possui algo de inquietante, de ominoso. E gigantesco, inquietante e ominoso são três acepções igualmente legítimas do adjetivo *unheimlich*, justamente o contrário do que é *heimlich* ou *heimisch*, o familiar e quase íntimo. Assim, ainda que somente fosse pelo gigantismo que essencialmente envolve, por comportar uma dimensão que transcende aquela escada que parece a mais adequada para um ser humano, já haveria na globalização algo de inquietante, inclusive de ominoso.

Mas, falando de ominoso, vem-me à cabeça o ensaio que Freud dedicou a esse conceito. E não porque considere o aporte do pai da psicanálise uma contribuição científica que explique o mecanismo mental que dá conta dessa experiência humana. Não. Minha leitura de Freud é, antes de mais nada, filosófica. O que Freud traz, ao menos para mim, é uma interpretação, que considero fértil, sobre a natureza de alguns indivíduos situados no seio de uma cultura que tem ainda muito a ver com a nossa.

Como é muito conhecido, no ensaio aludido Freud (1988) parte precisamente da antinomia entre o *unheimlich* e o *heimlich*, isto é, entre o ominoso e o familiar, mas também secreto, outra acepção de *heimlich*. A aporia que inspira a reflexão freudiana é o duplo sentido deste último termo, o fato de que tanto possa significar o familiar quanto o secreto, uma acepção, esta última, que se aproxima do significado de seu antônimo, pois se *heimlich* significa o familiar, *unheimlich* deveria significar o que não é familiar, isto é: o desconhecido, o secreto. Em suas próprias palavras: "para nós o fato interessante (é) [...] que a palavra *heimlich* possui, entre os diversos matizes da sua acepção, um no qual coincide com o seu antônimo, *unheimlich*".

Para superar esta aporia, que Freud descobre seguindo o fio condutor da análise da linguagem, ele lança mão de sua teoria da repressão, chegando à conclusão de que o ominoso tem natureza dupla: ou é suscitado quando nos são apresentadas evidências que podem ser interpretadas como favoráveis a modos de pensamento que acreditávamos superados, o animismo, por exemplo, ou vem à mente quando certos fatores reanimam em nós complexos infantis reprimidos, o temor à castração, por exemplo. Podemos aplicar produtivamente essa interpretação freudiana à compreensão do que há de ominoso na globalização? Vejamos.

Gostaria, neste ponto, de retomar uma ideia que deixei abandonada e sobre a qual prometi voltar. Refiro-me à ideia de Bauman de que na época da globalização se produz um deslocamento nas fontes de legitimação que os governos procuram: do oferecimento de proteção social, o centro da gravidade legitimadora se deslocou para o oferecimento da segurança física.

Particularmente, penso que a tendência que Bauman destaca não é ilusória, mas muito real. Embora isto que chamamos o Estado de bem-estar social esteja longe de ter sido desmantelado nas metrópoles, sobretudo europeias, do mundo globalizado, são recorrentes as propostas para seu recorte. O ominoso da globalização se faz presente ao cidadão dessas metrópoles quando uma diminuição nos seus direitos sanitários, educativos e laborais, outrora garantidos pelo Estado, evidencia que uma forma de vida, mais de que pensamento, que se acreditava superada, aquela anterior ao do Estado de bem-estar, retorna. De fato, é mais que provável que estejamos diante da primeira geração, a de nossos filhos, que vai desfrutar de uma situação laboral muito mais precária e incerta do que desfrutou a geração que a precedeu.

E, mesmo assim, muito mais ominosa se apresenta a globalização quando o que está em jogo é, para seguir com o paralelismo com a interpretação freudiana, o retorno não tanto de uma forma de pensamento/vida que acreditávamos superado, como também dos complexos reprimidos. Porque, se me é permitida a analogia, o paralelo com a castração no nível social não é nada mais que o padecimento da injustiça em mãos de alguém que, extraordinariamente mais poderoso que nós, impõe a sua lei.

Assim, os castrados pela globalização, aqueles em quem não queremos sequer pensar, aqueles que nem eu mesmo tenho nomeado no meu discurso, no qual tenho apresentado a globalização praticamente só da perspectiva da metrópole, são todos aqueles que ficam em suas periferias. São, por exemplo, os 50 milhões de refugiados para os quais não há esperança de levar uma vida *heimisch*. Os 13 milhões de crianças ao ano para os quais não há esperança de levar uma vida de nenhum tipo porque morrem de fome. Os cerca de um bilhão de seres humanos que agora mesmo a padecem. Os 80% da população mundial que vivem na pobreza. Os 90 entre 100 que devem se conformar com o 10% da riqueza do planeta. Os três bilhões de seres humanos cujos salários somados equivalem aos recursos dos 475 maiores bilionários mundiais. Os 49 países mais pobres do mundo, que representam 11% da população planetária, cuja riqueza mal chega aos recursos dos três maiores bilionários. Ou, para não irmos demasiado longe, os provavelmente mais de 20.000 mortos – as cifras são somente estimativas –, tentando chegar ilegalmente às nossas costas?[4]

Então, qual é o maior sintoma do horror que essa espécie de castração social produz naqueles que tiveram a imensa sorte de ter nascido nas metrópoles do mundo globalizado e qual é, precisamente, a sua denegação do campo do "ominoso", ou seja: um campo do qual raramente somos conscientes?

Na realidade, praticamente, nosso contato com esse lado "estranho" da globalização somente acontece quando uma desgraça adicional, que tem a forma, geralmente, de desastre natural, soma-se à desgraça muito mais grave, porém surda e cotidiana, que a maior parte da humanidade sofre. Para exorcizar o ominoso, nessas ocasiões costumamos recorrer a uma política de solidariedade que não deixa de ser epidérmica, já que é meramente pontual e desaparece assim que a miséria dos afetados deixa de ser notícia.

---

[4] Trata-se das costas europeias.

E, mesmo assim, não é esta a pior de nossas estratégias para afastar de nós o rosto desagradável da existência globalizada. Quando a vemos demasiado perto, habitando entre nós, costumamos reagir com xenofobia. Uma xenofobia que, por um mecanismo bem compreensível de projeção, cresce vertiginosamente quando suspeitamos sobre a possibilidade de terminarmos nos parecendo demais com os desfavorecidos do sistema; o que acontece especialmente quando, como é o caso atual, vivemos uma situação de crise econômica.

Conclusão: globalização sem terror?

A globalização chegou e parece que veio para ficar. Se tivéssemos de imaginar um cenário no qual a globalização falisse, o único que me ocorre implicaria num colapso civilizatório. Algo semelhante ao que aconteceu com a queda do Império Romano. Só que a queda na barbárie não seria produto de uma invasão bárbara – a não ser que viessem de outro planeta, mas então esses invasores não poderiam ser bárbaros, dado que disporiam de uma tecnologia sofisticada para chegar à Terra. Esse colapso seria produto – deixando de lado acidentes astronômicos semelhantes aos que levaram à extinção dos dinossauros –, do que poderíamos considerar a dinâmica suicida do próprio desenvolvimento civilizatório. Pelo esgotamento, por exemplo, dos recursos energéticos; pela alteração irresponsável das condições ecológicas – o aquecimento do planeta, a depredação de suas florestas, etc. – ou por uma conflagração ou acidente nuclear. Trata-se de possibilidades, muitas das quais nos foram apresentadas dramaticamente pela literatura de ficção e pelo cinema. Mas que poderiam deixar de ser fictícias. E talvez devêssemos levar muito a sério a advertência que Wittgenstein (1995, p. 110) deixara por escrito em 1947: "não é insensato pensar que a era científica e técnica é o princípio do fim da humanidade; que a ideia do grande progresso é uma miragem [...] e que a humanidade que se esforça por atingi-lo corre para uma armadilha. Não é de modo algum evidente que não seja assim."

O que temos aqui, em resumo, é uma nova imagem terrível da globalização. Imagem não menos terrível que as anteriores. E a pergunta inevitável é: podemos fazer algo para conjurá-la?

Do meu ponto de vista, o descontrolado modo técnico-científico de produção capitalista, que talvez tenha tido sua origem no afã humanista de liberar a humanidade dos caprichos do acaso para terminar, por esses paradoxos próprios dos processos de alienação, ameaçando levar a humanidade ao desastre, aproveita-se do desajuste que existe entre sua própria natureza global e o caráter puramente embrionário das instituições jurídicas e políticas internacionais. Basta pensar em todas as limitações que a ONU ou o Tribunal Penal Internacional de Haia enfrentam. Enquanto o desequilíbrio entre a infraestrutura econômica e a superestrutura política e jurídica não se resolva, a primeira se imporá sobre a segunda. Os interesses econômicos (de alguns) sobre os direitos humanos (de todos).

Portanto, se eu não estiver muito equivocado, seria preciso um fortalecimento das instituições políticas e jurídicas internacionais. E esse fortalecimento deveria passar por sua inevitável democratização. Enquanto alguns países conservam a sua capacidade de veto na ONU, podem não cumprir suas resoluções e ficam impunes ao descumprir suas resoluções, decidem sobre a conveniência do não cumprimento de acordos como o Protocolo de Kyoto, ou não reconhecem a autoridade dos tribunais penais internacionais sobre os seus cidadãos, pouca será a capacidade de intervenção e a credibilidade dessas instituições.

Não estou dizendo que esse fortalecimento institucional faria os aspectos sinistros da globalização desaparecer

Referências

BAUMAN, Z. *Tiempos líquidos*: vivir en tiempos de incertidumbre. Barcelona: Tusquests, 2007.

FREUD, S. Das Unheimliche. Versão espanhola: "Lo siniestro". In: FREUD, S. *Obras completas*. Barcelona: Orbis, 1988. v. 13.

MARX, K.; ENGELS, F. *Manifiesto del Partido comunista*. In: MARX, K. *La cuestión judía y otros escritos*. Barcelona: Planeta, 1992.

SAFRANSKI, R. *¿Cuánta globalización podemos soportar?* Barcelona: Tusquets, 2005.

SANFÉLIX, V. Conjuntos difusos y predicados improyectables. La cuestión nacional. In: ALONSO, A.; MATEU, J. D.; RAGA, V. (Org.). Surcar la cultura. Valencia: Pré-textos, 2006.

SANFÉLIX, V. ¿Cabe la filosofia en una cultura humanista? In: GALPARSORO, J. I.; INSAUSTI, X. Pensar la filosofía hoy. Madrid: Plaza y Valdés, 2011.

SLOTERDJIK, P. *Temblores del aire*: en las fuentes del terror. Pretextos: Valencia, 2006.

WITTGENSTEIN, L. Aforismos. In: WITTGENSTEIN, L. *Cultura y valor*. Madrid: Espasa Calpe. 1995.

Carl Schmitt e a ressignificação de seu conceito de "inimigo" pelo terrorismo de Estado argentino (1974-1983)

Horacio Luján Martínez

> *4003 i) Aplicar el poder de combate con la máxima violencia para aniquilar a los delincuentes subversivos donde se encuentren. La acción militar es siempre violenta y sangrienta... El delincuente subversivo que empuñe armas debe ser aniquilado, dado que cuando las Fuerzas Armadas entran en operaciones no deben interrumpir el combate ni aceptar rendición.*
> Operaciones contra elementos subversivos (R-C-9-1)[1]

I

Como começar quando aquilo de que se trata é o próprio estatuto do começo? Nosso ensaio antecipará uma afirmação que vai ser trabalhada em textos futuros: o ato de nomeação do "outro" como "inimigo" acarreta no critério de uso deste último termo. Trata-se de uma sorte[2] de "manual de instruções" que não pode ser ignorada e que leva, indefectivelmente, ao exercício da violência. Tentando não desviar a atenção do leitor com referências que possam

---

[1] Este e outros documentos relacionados ao terrorismo de Estado na Argentina estão disponíveis *on-line* em: <http://www.desaparecidos.org/arg/doc/secretos/index.html>.

[2] No sentido com que o vocábulo é apresentado no decorrer do texto.

aparecer como excessivas, pensamos que o uso do termo "inimigo" está claramente inserido no "jogo de linguagem moral", isto é, carrega não só reprovação, mas também condena: uma chamada à ação que pouco e nada tem de "puramente ontológico". A suposta descrição do "outro" como inimigo da ordem e da paz possui características que criam as condições de possibilidade da punição que "deve", e de modo peremptório, ser levada a cabo. O termo "inimigo" tem as mesmas características performativas que o grito de "socorro!", isto é, obriga à ação de quem a recebe ou lhe culpabiliza pela apatia de não ter feito nada a respeito. Esse jogo perverso de enunciação é o que está por trás de quem qualifica o "outro" de "inimigo".

II

"No começo foi a decisão." É isso que nos parece dizer Carl Schmitt quando define, na sua famosa *Teologia política*, o soberano como aquele que decide o estado de exceção. A decisão se autojustifica no ato da enunciação. Schmitt acusa os representantes do direito positivo de teologizar o direito, querendo dizer com isso que a "norma" – para Kelsen e outros – é aquilo que substitui a emanação e a legitimação do poder decisório. Pensar na soberania como "norma" quando o que há é um "conceito limítrofe". Em contraposição, Schmitt pensa a "decisão" como "palavra divina", como emanação e legitimação da ordem originária e a identifica com o *status* de um povo.

Lembrando Platão, é no *Crátilo* que o filósofo grego afirma que "quem dá nomes é quem legisla". Daí decorre a importância da linguagem e da lei, a importância do *Nomos*, na sua dupla acepção de Nome e de Lei.

Vejamos, então, os nomes que sinalizam a ditadura argentina: "processo de reorganização nacional", "guerra suja". Não há muito mérito em descobri-los como termos complementares: a reorganização do Estado (ou da Pátria, como prefeririam nomeá-la os executores desse "processo") somente é possível através de uma guerra, mas uma guerra que não foi iniciada pelas Forças Armadas, e sim provocada pelo inimigo, uma espécie diferente de inimigo: o "inimigo interno", que opera com meios não convencionais. Quem nomeia, legisla: o fato de a guerra contra a subversão ser de caráter não convencional (guerra de guerrilhas, ou uma guerrilha urbana que mal existiu), torna o terrorismo de Estado "necessário". Identificando "soberania" com "poder de decisão", Carl Schmitt conjuga *Logos* e *Poiésis*: palavra que, ao ser utilizada, se identifica com o que faz. Palavra-criação, a palavra que é dita por aquele que legisla é a letra que com sangue entra. A violência de Estado schmittiana fundamenta-se num ato originário: o de definir (nomear) quem é o inimigo.

É em outro texto de Carl Schmitt, *O conceito do político*, no qual desenvolve o binômio "amigo/inimigo", que o jurista alemão fala – numa nota de rodapé – sobre Clausewitz e a guerra como fundamento da política: "A guerra tem sua própria 'gramática' (isto é, suas leis específicas de técnica militar), mas a política permanece como o seu 'cérebro', pois a guerra não tem nenhuma 'lógica própria'. Essa lógica só poderia ser tirada dos conceitos de amigo e inimigo" (SCHMITT, 1992, p. 60).

O conceito de "inimigo" é a categoria fulcral do "político" e ela é a que funda o Estado (a sua legitimidade) como unidade política de uma associação de "amigos". Os conceitos de "amigo" e "inimigo" devem ser pensados ontologicamente, isto é, na verdade "amigo" é aquele que pertence a esse Estado-unidade e que fornece a medida para a decisão, no caso de um conflito, sobre quem é o "inimigo". Schmitt insiste em que essa distinção é ontológica:

"determinação conceitual no sentido de um critério, não como definição exaustiva ou especificação de conteúdos" (SCHMITT, 1992, p. 51).

Carl Schmitt, ao afirmar, no mesmo texto citado acima, que "Soberano é quem decide o estado de exceção", permite entender que soberano é quem está dentro e fora da justiça e, ao mesmo tempo, é quem fala e cria (emanação do logos) o que é dentro e fora, o que é justo e injusto. Quem denuncia – com o azedo sabor do Tratado de Versalhes no paladar – o caráter capcioso da "guerra justa", dizendo que somente com adjetivações morais de corte humanitário os impérios justificam sua violenta expansão territorial, o faz num tom retórico que quer nos persuadir da autenticidade da violência de Estado:

> A diferenciação entre amigo e inimigo tem o sentido de designar o grau de intensidade extrema de uma ligação ou separação, de uma associação ou dissociação; ela pode, teórica ou praticamente, subsistir sem a necessidade do emprego simultâneo das distinções morais, estéticas, econômicas ou outras. [...] Pois ele [o inimigo] é justamente o outro, o estrangeiro, bastando à sua essência que, num sentido particularmente intensivo, ele seja existencialmente algo outro e estrangeiro [...]. O caso extremo de conflito só pode ser decidido pelos próprios interessados; a saber, cada um deles tem de decidir por si mesmo, se a alteridade do estrangeiro, no caso concreto do conflito presente, representa a negação da sua própria forma de existência, devendo, portanto, ser repelido e combatido, para a preservação da própria forma de vida, segundo sua modalidade de ser (SCHMITT, 1992, p. 52).

O "político" estaria, assim, fora do registro do moral, do estético, dos valores, portanto, o que torna alguém "inimigo" é sua inimizade para com a unidade política originária, aquela que, uma vez que não tem justificativa moral alguma, só é origem porque decidiu em primeiro lugar. Não haveria moral normativa no conceito de "inimigo". A identificação entre "estado" (*Staat*) e *status* de um povo (*Zustand*), a situação em que se encontra efetivamente um povo, e a possibilidade de usar ambas as palavras para nomear "Estado", legitima e autoriza a passagem do "ser" para "dever ser": passagem da descrição para a prescrição e logo, num obscuro passe de mágica, para a proscrição. É a decisão primordial, a decisão das decisões, aquela que não pode justificar a si mesma, é ela que, de um modo menos paradoxal do que aparenta ser à primeira vista, justifica a violência. A violência como origem, o sangue derramado, é, também, aquilo que funda o Estado-nação argentino: o genocídio fundacional que expulsa os "povos originários" para criar uma nova ordem, semelhante à do Estado-nação europeu com sua divisão de poderes, sua política e sua polícia que, como sabemos, são ambas derivadas da palavra *polis*.

Como a criança que se depara com a visão do coito parental, ante o horror primário da violência, como não procurar o silêncio compulsório da anistia? Trata-se de procura de impunidade que se disfarça de gesto paternal: não queiram saber como nasceu o Estado, não tentem averiguar o que tivemos de fazer por vocês para manter a "casa em ordem".

Dizer que a origem da política é a oposição amigo/inimigo e afirmar que o político é o desenvolvimento dessa oposição é dizer que "o político" é "a política". Uma identificação que recebe o cativante nome de "decisionismo". Schmitt, longe de qualquer irracionalidade, encontra o logos do Estado na violência – o Estado que nasce como unidade frente ao inimigo e, com o consequente direito da aniquilação física desse mesmo inimigo, justifica seu direito à violência em nome da sua própria sobrevivência. É por isso que Schmitt precisa pensar o político longe de parâmetros morais, estéticos e econômicos, isto é, enquanto abstrato. O estado de violência como condição ontológica justificará as miseráveis violências ônticas de qualquer ditadura. É a "guerra suja" que mantém a unidade de uma pátria pela violência, ao custo de identificar o Estado com a violência e o "terrorismo de Estado" como mero excesso nesse processo identificatório. Nessa visão, o Estado é o monstro que possui o direito à monstruosidade para nos defender da monstruosidade do "outro". A fábula hobbesiana continua rendendo frutos.

III

O "campo semântico" que abre a categoria de "inimigo" não admite o posterior perdão ou anistia. A autoanistia é o "canto do cisne" de quem sai derrotado, do contrário, qual é a necessidade de limpar as faltas? Diante de quem, senão perante o inimigo, que poderia eventualmente puni-lo, alguém se autoanistia? Lembremos o artigo 1º da Lei nº 22.924, de autoanistia argentina, de 23 de março de 1983:

> Art. 1: Decláranse extinguidas las acciones penales emergentes de los delitos cometidos con motivación o finalidad terrorista o subversiva, desde el 25 de mayo de 1973 hasta el 17 de junio de 1982. Los beneficios otorgados por esta ley se extienden, asimismo, a todos los hechos de naturaleza penal realizados en ocasión o con motivo del desarrollo de acciones dirigidas a prevenir, conjurar o poner fin a las referidas actividades terroristas o subversivas, cualquiera hubiera sido su naturaleza o el bien jurídico lesionado. Los efectos de esta ley alcanzan a los autores, partícipes, instigadores, cómplices o encubridores y comprende a los delitos comunes conexos y a los delitos militares conexos.[3]

Se não fosse pelo fato de que a mesma ditadura provocou e perdeu outra guerra que ela própria considerava justa, legítima

---

[3] Documento postado no mesmo *site* da nota de rodapé 1.

e patriótica, a guerra das Malvinas, teríamos nos encontrado com a mesma autoanistia não somente sendo utilizada, mas, pródiga e irrecusável, com seus tristes ou oportunistas comensais, engolindo justificações goela abaixo. Se não fosse por esse deslize megalomaníaco, também nos encontraríamos com o terrível paradoxo de que o carrasco seria também o pai (*potestas* e *autoritas*, segundo salienta Agamben, no seu *Estado de exceção*) da democracia na Argentina.

Schmitt chama a atenção sobre a "farsa da democracia": o poder (organizado como Estado) decide que os que não têm poder, o povo, "decidam" quem vai ter poder. A circularidade do processo democrático – "caos povoado de urnas", conforme escreve Borges citando Carlyle – permite a Schmitt esconder outra circularidade viciosa e concêntrica, de anéis que vão se estreitando e sufocando quem fica dentro: a circularidade do terrorismo de Estado.

A última ditadura argentina denominou a si própria: "processo de reorganização nacional". Ora, estar "desorganizado" envolve, nos termos schmittianos, ser politicamente existente... O que apontamos é que o "terrorismo de Estado" argentino não se colocou no poder em 24 de março de 1976 por ver a sua existência política – o Estado como unidade política – comprometida. Na verdade, do que se tratou é que o Estado mudou de "amigos constituintes". E os novos "amigos", que formariam uma nova unidade, careceriam dos valores morais que deve possuir um Estado. Assim, o que faz do dissidente na Argentina dos anos 1970 o "subversivo", o "inimigo", são os seus valores morais. A ditadura argentina outorga "moralidade" à construção do conceito de "inimigo", e é essa moralidade que será o critério para a decisão de eliminar o "outro", nas fábricas, nas escolas, nas favelas e nos agrupamentos políticos não armados.

Assim como a Alemanha nazista, que começa se espelhando na antiga Grécia para poder fabricar o mito ariano, aspirando desse modo a ser um novo "berço de Ocidente", a ditadura argentina deve fundar a necessidade da violência sistemática num novo começo moral. Sem querer ignorar as negociatas das elites, a implementação de um programa econômico neoliberal que seguisse os passos daquele também implementado a sangue e fogo no Chile por Pinochet e os "Chicago Boys", a reorganização moral da sociedade era um dos principais objetivos do processo. Não estamos aqui, todavia, falando de uma preocupação moral falida. A moralidade procurada pelos ditadores é a da submissão absoluta aos valores da pátria, valores que eram encarnados por eles próprios,[4] evento que se deveu mais a um sinistro egocentrismo que ao acaso.

Lembremos alguns dos fatos que acabaram operando como uma sorte de "condição de possibilidade" do golpe de Estado argentino de 1976: (i) em meados de 1974, o Senado argentino aprova a lei antissubversiva que proibia a ação da guerrilha, mas também a ocupação de fábricas e as greves em todo o território nacional; (ii) 6 de setembro de 1974, o grupo Montoneros anuncia a sua passagem à clandestinidade; (ii) 1º de dezembro de 1974 é assassinado, em Tucumán, Humberto Viola, oficial de Inteligência do Exército; (iv) no dia seguinte (2 de dezembro de 1974) a então presidenta Maria Estela Martínez de Perón assina o Decreto nº 261, que autorizava o Exército a avançar sobre a província de Tucumán, onde se encontravam alguns dos focos mais importantes do Ejército Revolucionario del Pueblo (E.R.P.); (v) entre 6 e 7 horas da manhã do dia 9 de fevereiro de 1975, mais de 1.500 soldados são deslocados para solo tucumano, dando início ao que se denominou "Operativo Independência"; (vi) 16 de outubro de 1975, Ítalo Argentino Luder, então presidente interino

---

[4] Sobre o processo de reorganização nacional argentino como programa de reorganização moral da sociedade, ver Feierstein (2008).

da República Argentina, publica uma série de decretos que outorga às Forças Armadas o poder total de acionar o aparato repressivo. O Decreto n° 2.772 estabelecia o aniquilamento da ação subversiva em todo o país. O Exército tomava, assim, a responsabilidade de combater a guerrilha. Cabe esclarecer que o decreto não implica aniquilar os subversivos, senão aniquilar a subversão, o que, na linguagem militar, equivale a desarmá-la. Já vimos, na nossa epígrafe, que as ordens secretas do Exército eram outras.

Chegamos, deste modo, ao Comunicado n° 1, de 24 de março de 1976, que começa assim: "Ante la grave situación que vive el país en medio de un esquema de desquício económico, crisis moral y disolución social, agravada por una ola de crímenes y latrocínio que agobian a la Nación, sumergiéndola en un destino que históricamente no merecemos; mientras nuestros vecinos de América prosperan en paz y trabajo, resulta inadmisible continuar con esta aventura de desgobierno que lleva a la degradación total de la República".

Assim, na ênfase colocada na desordem e na crise moral e longe de qualquer ontologia, o conceito de "inimigo", na ditadura argentina, é puramente moral e normativo, já que "inimigo" é quem não compartilha dos valores ocidentais e cristãos, podendo fazer submergir a Nação argentina numa crise moral que leva à dissolução social. Assim, na época, tanto os livros escolares de "formação cívica" quanto as propagandas emitidas pela televisão comemorando o primeiro ano do golpe de Estado ("Ganamos la Paz") ou o sinistro *slogan*: "Los argentinos somos derechos y humanos", numa patética tentativa de responder às críticas que chegavam de quase todo o mundo, faziam parte da mensagem que ao mesmo tempo fomentava apatia e produzia terror social.

O que evidencia o fato de os golpes de Estado argentinos serem recorrentes é que não há uma essência do ser nacional, uma existência política como um *continuum*. A extrema e sistematizada violência da última ditadura procura, como batismo de sangue, negar a existência do outro e, ao mesmo tempo, negar seu desaparecimento, apagar todo passado e todo futuro divergente da própria decisão soberana. Assim, exceção e Estado coincidem com o ato fundacional do sangue derramado, ato que pode repetir-se quando a essência, acabada de fundar, seja colocada em questão. A autoanistia não é um pedido de perdão e o deixa claro pelo fato de serem os próprios algozes os confessores e os anistiadores. A autoanistia é a onipresença semântica e jurídica da violência de Estado que se identifica com o próprio Estado, entendido como unidade política. O que unifica o Estado é a possibilidade de sua exceção, a possibilidade eterna de recorrer à violência.

A linguagem da democracia sustenta-se na permanência do "estado de direito" como seu fundamento. A linguagem dos pedidos de anistia ou da noturna autoanistia sustenta-se na necessidade imperiosa que existiu, em algum momento histórico de um país, de criar uma suspensão deste "estado de direito". É interessante refletir sobre o fato de que a democracia é defendida por todos – não importa aqui com que grau de sinceridade –, uma vez que seria a forma de governo quase arquetípica na garantia das liberdades individuais e coletivas. Ocorre, no entanto, que essas liberdades que constituiriam o que há de mais fundamental, tanto que são celebradas como a essência do ser humano e o núcleo de toda e qualquer antropologia filosófica, são as primeiras a serem anuladas frente a uma situação que, no direito romano – lembra Agamben –, é qualificada de "tumultus". "Tumultus" tem sua raiz comum com "tumor", "inchaço", "doença" em geral (AGAMBEN, 2007, p. 68).

Grande parte da filosofia moral e política é a história das diferentes operações para condicionar, moldar, introduzir e restringir liberdades. A sua modalidade biopolítica é de nos proteger do "tumor" ou "inchaço", do "tumulto" do que está "fora da ordem". A "ordem" da liberdade condicionada.

 Realmente, aqueles que justificam o "estado de exceção" e sua violência intrínseca ou "terrorismo de Estado" reivindicam o quê? Certamente reivindicam a saída do direito em nome do império da emergência. Ao saírem do "estado de direito", aqueles que se prestam a isso sabem que não se volta com as mãos limpas. Daí que os discursos que defendem a anistia para os que cometeram crimes de lesa-humanidade estejam revestidos de um tom apocalíptico: ditadura ou fim do mundo como nós o conhecemos. Surge então a autojustificação de "manter a ordem constitucional", mesmo que se esteja obrigado a sair dela para manter essa mesma ordem. Pois bem, é esse o problema que enfrenta Carl Schmitt quando tenta dar soberania e legitimidade à ditadura. Quando enfrenta o paradoxo de querer fundamentar juridicamente o dentro e o fora do direito.

IV

 O conhecido diagnóstico de Walter Benjamin, do parágrafo 8º de "Sobre o conceito de História", ao afirmar que "o 'estado de exceção' em que vivemos é na verdade a regra geral" (BENJAMIN, 1996, p. 226), pode ser claramente aplicado de modo pertinente à situação atual da América Latina. O aparelho procedimental, para não falar de *modus operandi*, da passagem do "estado de direito" para o "estado de exceção", é repetido nos golpes de Estado da América Latina de nossos dias. Como dissemos, a democracia é o arquétipo de forma de governo que assegura as liberdades individuais e coletivas - pelo menos todos parecemos concordar com isso. Nenhum atual desestabilizador da democracia – seja hondurenho, seja paraguaio seja argentino – procura um "estado de sítio", mas, uma democracia que viva no silêncio.

Para realizar essa passagem de uma democracia popular para uma democracia controlada, as armas são as mesmas que fundamentam Schmitt para legitimar o "estado de exceção". Vejamos os casos de Honduras e do Paraguai, e também as tentativas de derrocar o governo na Venezuela, no Equador e as atuais na Argentina. Em todas vemos a mesma construção do inimigo como "inimigo interno". Essa construção do inimigo, variações sobre o tema do "outro radical", toma a forma de "alienação" ou "estranhamento" daqueles que foram eleitos legitimamente através do voto. Nestes tempos democráticos não se pode declarar, como era feito facilmente outrora, que "a vontade popular errou" ou "o povo não está ou não estava maduro para escolher". Assim, portanto, do que se trata é de transformar o "amigo" do povo em "inimigo" do mesmo povo.

A construção do "inimigo interno" na forma do "judeu bolchevique" durante o regime nacional-socialista alemão, ou do "subversivo apátrida" na última ditadura argentina, toma hoje outras formas. O "populismo", a "corrupção" e a "insegurança" são os significantes vazios pelos quais se começa a desestabilizar qualquer democracia. O processo é sempre o mesmo, pois para que mudar o que sempre funciona? Opera assim: recalcar, ensinar, repetir e promover a identificação, notadamente pré-foucaultiana, entre "poder", "Estado" e "governo". Ato seguinte: realizar denúncias sistemáticas contra as pessoas que ocupam o governo. As denúncias não precisam ser comprovadas, uma vez que – já operada a identificação entre poder e Estado-governo – a "teoria conspiratória" fecha a metodologia da calúnia sistemática. Ante toda e qualquer falta de provas: "o governo não deixa que a verdade venha à tona" será a resposta automática ou "o executivo usurpou os outros poderes", etc.

Desse modo a moralidade funcional substitui a política, "moralidade pós-política" segundo a denominação de

Chantal Mouffe, e toda a discussão sobre o futuro de um país fica obstruída pelo mecanismo da denúncia eterna, envolvendo a investigação e a pompa do debate sobre o castigo aos corruptos. Assim como o conceito de "inimigo interno" habilita o "terrorismo de Estado", como passagem do "estado de direito" para o "estado de exceção", os "jogos da denúncia moral" permitem hoje derrocar um governo constitucional em nome da Constituição. Em ambas as situações o baralho pode ser outro, mas as cartas continuam marcadas.

O "estado de exceção" sobrevoa como uma ameaça, esta sempre pronta para ser cumprida sob a forma da emergência da segurança pública. O boletim policial é o calculado preâmbulo factual e jurídico para justificar a extinção das liberdades. A sociedade policial e policiada em que vivemos é a que devemos levar em conta e a que nos deve alertar para pensar no "terrorismo de Estado" não somente nos termos da memória do passado, mas também nos termos de uma "ontologia do presente".

Referências

AGAMBEN, G. *Estado de exceção*. São Paulo: Boitempo Editorial, 2007.

AGAMBEN, G. *Homo sacer*: o poder soberano e a vida nua I. Belo Horizonte: Editora UFMG, 2010.

BARROS, M. M. El silencio bajo la última dictadura militar en la Argentina. *Revista Pensamento Plural*. Pelotas, n. 5, p. 79-101, jul./dez. 2009.

BENJAMIN, W. Sobre o conceito de História. In: BENJAMIN, W. *Magia e técnica, arte e política*. Obras escolhidas – v. 1. São Paulo: Brasiliense, 1996.

FEIERSTEIN, D. *El genocídio como práctica social*: entre el nazismo y la experiencia argentina. Buenos Aires: Fondo de Cultura Económica, 2008.

SCHMITT, C. *O conceito do político*. Petrópolis: Vozes, 1992.

SCHMITT, C. *Teologia política*. Belo Horizonte: Del Rey Editora, 2006.

A eliminação sistemática de pessoas e os limites do político: breve ensaio sobre a ação política

Daniel Omar Perez

Este trabalho tem como objetivo fornecer elementos para pensar a ação política e faz parte de uma pesquisa mais ampla sobre identificações e afetos na vida em comum. Porém, o ponto de partida circunstancial que motiva a redação específica deste texto é o surgimento de novos documentos sobre os voos da morte na Argentina (VERBITSKY, 1995). Refere-se a um verdadeiro ato de perversão que consistia em jogar pessoas previamente sequestradas e torturadas desde um avião ao mar, e que, junto a uma série de outros eventos não menos bizarros, conformaram o terrorismo de Estado na Argentina (1976-1983). Este foi um plano que não foi desenvolvido isoladamente naquele país, mas na grande maioria dos países do continente, inclusive nos EUA. Talvez dever-se-ia pensar mais apuradamente a relação entre os assassinatos políticos da década de 1960 (desde Kennedy e Martin L. King), a eliminação dos panteras negras nos EUA, a aplicação dos golpes de Estado e os planos de extermínio da guerra anti-insurgente na América Latina para observar a relação entre o padrão da ação política desses anos e as práticas de eliminação sistemática. Mas o que me interessa é menos explicar o que aconteceu na época dos golpes de Estado e mais pensar os elementos da ação política a partir de um dispositivo conceitual que possa evitar repetir o cenário no qual aquelas forças possam voltar a se tornar hegemônicas e o suficientemente articuladas para desenvolver seu projeto político e suas práticas de eliminação sistemática.

Para isso, abordaremos sumariamente:

1. O conceito do político (instabilidade, homogeneidade e hegemonia).
2. A sociedade e o Estado (indivíduos, grupos e identificação).
3. O Estado e a política do usufruto.
4. A identificação e a descarga afetiva nas suas modalidades perversa e sublimatória, em que a modalidade perversa elimina o próprio desejo.
5. A sublimação como saída que sustenta a possibilidade do desejo na sua diferença.

Do conceito do político ao problema da eliminação do outro

O conceito do político é definido por Carl Schmitt a partir da relação amigo-inimigo e sua dinâmica estaria dada pelo combate (SCHMITT, 1963).[1] Essa oposição reconhece uma instabilidade fundamental, uma disputa entre interesses divergentes, um conflito entre grupos, bandos ou partes, mas também inclui o assassinato político como modo de resolução do conflito.

O mesmo Schmitt que em 1932 militou nas eleições alemãs contra a hegemonia dos nazistas no parlamento, após receber uma carta convite de Heidegger em 22 de agosto de 1933 para colaborar com o projeto político da

---

[1] O texto original de Carl Schmitt é de 1932.

NSDAP na universidade[2] (FAYE, 2009, p. 260-61), em 1934, defendeu claramente e sem ambiguidade a eliminação do outro no caso da "noite das facas longas" (*Nacht der langen Messer*) que acabou em assassinato de próprios e alheios (SCHMITT, 1934).

Assim sendo, o conceito do político schmittiano não só incluiria o combate entre inimigos senão também a eliminação do outro. Isso nos permite dizer que, a relação de oposição amigo-inimigo, segundo pode ser pensada em Schmitt, não buscaria apenas a *hegemonia* na disputa, mas sim a *homogeneidade* do campo. A passagem da luta pela *hegemonia* (no parlamento), em que o outro não pode ser eliminado, para a busca da *homogeneidade* (na "noite das facas longas") onde o outro pode ser retirado da disputa pela via do assassinato, é decisiva e faz toda a diferença.

Esse modelo de pensamento é tão sugestivo quanto desastroso para pensar o conceito do político. Se no conceito do político se reconhece como ponto de partida um campo de instabilidade e se funda, antes que em um conflito ou em um consenso, nesse campo de instabilidade que pode possibilitar tanto conflitos quanto consensos entre sujeitos com interesses, desejos e necessidades convergentes ou divergentes, a eliminação de pessoas e seu exercício sistemático, como modo de resolução do conflito, procuraria acabar com a própria instabilidade que o funda, como se fosse possível alcançar uma *homogeneização* do campo.

Esse tipo de conceitualização e estratégia busca necessariamente o fim da política como ação levada adiante num campo de instabilidade e disputa pela hegemonia, na realização de uma máquina de guerra, de uma fábrica de cadáveres,[3] de um Estado perverso onde o outro não é o

---

[2] Ver também Rüdiger Safranski (2000, p. 289).
[3] Expressão de Martin Heidegger (1994, p. 56).

adversário necessário e irredutível da disputa, mas o resto a ser eliminado em busca da homogeneidade.

No caso argentino (1976-1983), o combate contra o inimigo, como inimigo interno a ser eliminado para alcançar a homogeneidade realizou-se por meio do exercício do Terrorismo de Estado como um "processo de reorganização nacional" (nome dado pelos próprios militares e civis no poder de fato) que rearticularia a sociedade desde sua base econômica, industrial e financeira até sua estrutura social e cultural. Nesse sentido, os operativos de sequestro, roubo, roubo de bebês, tortura, fuzilamento, desaparição de pessoas e assassinatos não foi um excesso circunstancial, nem se tratou de eventos exagerados. Não se tratou de uma estratégia entre outras, mas da única saída possível para a busca da homogeneidade desde o exercício do poder do Estado.

Para explicar esta afirmação nos demoraremos brevemente em alguns conceitos.

A Sociedade, o Estado e a identificação

O mito liberal do indivíduo bipolar, constituído por necessidades biológicas e representações mentais, que toma decisões racionais em função das suas necessidades e deste modo entra em sociedade estabelecendo um pacto, não é apenas um mito, mas um modo de justificar o funcionamento do Estado burguês. Trata-se de uma interpretação bastante recortada do Jusnaturalismo que exclui a vida em comum como fundo originário da aparição do indivíduo e do cidadão. Esse modelo de interpretação permite opor a repressão do Estado à liberdade do indivíduo. Isso permite também reivindicar duas ações determinantes do poder do Estado, a saber: reduzir sua intervenção em relação à liberdade individual e reivindicar seu exercício coercitivo quando essa mesma liberdade se encontrasse ameaçada pelo caos e a desordem social. Nesse sentido, opõe-se a *identidade* do indivíduo e sua liberdade à *alienação* imposta pelo Estado ou pela desordem. A oposição identidade-alienação, em que o primeiro termo é o privilegiado e hierarquicamente superior e o segundo é depreciado, reduz o Estado a uma máquina de repressão em função de uma suposta liberdade individual natural como elemento de identidade do sujeito.

Contrariamente ao mito liberal, podemos pensar os sujeitos não como indivíduos isolados que tomam decisões racionais em função das suas necessidades biológicas, mas como sempre já dados em um clã, tribo, horda ou grupo. A mãe não pergunta para o bebê se ele quer ou não entrar em sociedade, se ele quer ou não satisfazer de tal ou qual maneira suas necessidades biológicas, ele não tem alternativa. O indivíduo, para que se constitua como tal, precisa antes de qualquer coisa se alienar ao desejo do outro. A *alienação* aqui cumpre uma função constitutiva e não pode ser mais degradada a segundo termo. Aquele que exerce a função materna não só nutre a criança dando resposta às necessidades biológicas, mas também erogeniza o corpo (FREUD, 1988a) dando sentido àquilo que aparece, por exemplo, na forma de choro. O choro da criança é ressignificado pelo desejo da mãe como fome, como mal-estar estomacal, como sono, etc. Nesse processo, a criança é nomeada e se lhe exige que responda a partir desse lugar. Assim, a criança se aliena tanto ao desejo da mãe (que dá sentido às suas necessidades) quanto ao significante (paterno) que a nomeia e possibilita a articulação da relação entre o desejo e a lei (LACAN, 1997a). Fora do âmbito familiar, a identificação significante e a satisfação pulsional também serão os elementos que permitirão a criação do grupo, do projeto político, da vida em comum.

O sujeito não possui uma identidade preestabelecida senão que surge como efeito de um processo de identificação (LACAN, 1961). Assim, reconhece-se em relação com o outro mediante uma identificação significante em torno da qual se articulam outros significantes produzindo uma cadeia significante, isto é, o sentido num discurso ou narrativa. É a partir desse discurso que o sujeito aparece como seu efeito, isto é, um sujeito alienado ao discurso do Outro. Ao significante lhe corresponde uma carga afetiva, ou seja, o sujeito investe libidinalmente na identificação. Entre o significante e a carga afetiva articulam-se os objetos de desejo com os quais o sujeito se identifica e descarrega. Dessa forma o indivíduo aparece como sujeito de um discurso e uns modos de descarga afetiva que o faz parte de um grupo, clã, família, etc. Os grupos políticos também podem ser acolhidos nesse dispositivo conceitual.[4] Isso nos permite dizer, entre outras coisas, que a disputa política não se dá entre indivíduos ou entre indivíduos e o Estado, mas entre diferentes grupos e discursos, e não opera apenas por argumentação, mas por identificação significante e descarga afetiva. A identificação significante e a descarga afetiva estabelecem o laço a partir do qual se argumenta.

O Estado e a política do usufruto

Chamamos aqui de Estado em sentido geral as instituições político-jurídicas de uma sociedade produzidas a partir de grupos identitários organizados em torno de um projeto político. Uma sociedade, constituída por indivíduos e grupos de indivíduos, organizada institucionalmente em sistemas de legislação e de coerção, sustenta-se a partir de sistemas de repressão e controle de circulação dos desejos dos indivíduos e dos grupos de indivíduos que a integram. Nesse sentido, o Estado não pode ser concebido como aparelho de poder oposto

---

[4] Existe literatura sobre essa linha de interpretação que leva adiante análises e debates. Ver Ernesto Laclau (2008), Chantal Mouffe (2009), Yannis Stavrakakis (2007, 2010).

aos indivíduos que passivamente aceitam seu disciplinamento, controle ou vigilância senão como campo de disputa, como o lugar onde a ação política se exerce fundada no campo de instabilidade originária que a torna possível. Isto significa também que consideramos a sociedade institucionalizada como o modo com que os indivíduos e grupos de indivíduos usufruem ou são inibidos na sua demanda pulsional. Isto é, as instituições do Estado e a sociedade institucionalizada conformam o modo em que circulam e se satisfazem ou se inibem os desejos, e a política não é outra coisa que a disputa dos diferentes modos de usufruto.

A identificação e a descarga afetiva

Toda sociedade institucionalizada sustenta-se com mecanismos de produção, repressão e controle de formas de satisfação. Os mecanismos de repressão e controle que instituem a sociedade exigem a adesão (alienação) dos indivíduos em relações de identificação para poder ordenar a sociedade. Dito de outro modo, para participar da sociedade instituída, o indivíduo deve renunciar a determinados encaminhamentos pulsionais (canibalismo, incesto, etc.) e aderir (alienar-se) a outros (FREUD, 1988b).

Esses renunciamentos pulsionais podem ser ordenados de duas maneiras:

1. De modo a conduzir a saídas sublimatórias e favorecer a circulação dos desejos por outras vias, recriando o circuito pulsional e a variedade de objetos de satisfação parcial (FREUD, 1988c; LACAN, 1997b). Isto permitiria conviver com a instabilidade entre os conflitos e os consensos em uma sociedade do usufruto.

2. De modo decididamente repressivo, e então a saída será perversa. Neste caso, os mecanismos de repressão e controle pulsional exigem que o indivíduo deva renunciar à

sua satisfação pulsional em relações de identificação fechadas em que aquilo que é excluído, o inimigo, é reduzido a resto, a escória, a excremento e, portanto, pode ser eliminado, e não só, eliminado sistematicamente. Esses dois modos (sublimatório e perverso) são os dois extremos de um leque de possibilidades a partir das quais se articulam os modos de encaminhamento e satisfação pulsional em sociedades institucionalmente organizadas. Assim, os projetos políticos como modos de entender o encaminhamento e a satisfação pulsional podem propor modelos institucionais mais ou menos sublimatórios ou repressivos.

Repressão e gozo perverso

As organizações políticas e os governos que exigem fortes mecanismos repressivos para incluir o sujeito nas suas relações de identificação inibem um grande leque de possibilidades de satisfação em favor de uma promessa de gozo absoluto. Eliminar o resto é o empreendimento, o compromisso e a esperança de satisfação. Há uma promessa de gozo absoluto nessa eliminação do resto, um gozo perverso.[5] Quanto mais repressivo o sistema de identificação menos sublimatórios poderão ser o encaminhamento e a satisfação pulsional. O sujeito deve reprimir seus encaminhamentos pulsionais para se identificar e, desse modo, encontrar reconhecimento no Outro, mas em relação com aquilo que é excluído, e, por isso mesmo, ele não tem barreiras. Esse gozo perverso é o que sustenta os mecanismos de eliminação

---

[5] Utilizo a noção de "gozo perverso" por oposição a "sublimado" com base na leitura de Lacan em *O Seminário 7* (LACAN, 1997b). Nesse sentido, pode-se entender o "gozo perverso" como promessa de "gozo absoluto" pela parte e o "gozo sublimado" como um "gozo parcial" em "objetos parciais" de satisfação, como pode ser derivado da leitura de *O Seminário 16* (LACAN, 2008).

sistemática de pessoas na Argentina de 1976-1983 e na Alemanha da solução final. Mas o gozo perverso que determina esse mecanismo de operação não se reduz a um indivíduo com vontade de fazer o mal, senão que se sustenta em uma infraestrutura. O mecanismo da perversão é fundamentalmente uma instalação que precisa de regras estritas e suporte material. Podemos ver em Sacher-Masoch ou Sade, nos quais a cena exige parceiros, ajudantes, roupas, ambiente adequado, alimentos, bebidas, regras a que todos devem obedecer, posições que todos devem respeitar, etc. A saída perversa não se realiza senão ordenadamente. Não há perversão sem a cena completa e sem a colaboração dos parceiros.

No Estado Perverso, onde a redução à escória do outro é uma prática sistemática, é preciso o "pervertido" como o ator da cena, mas também de toda uma infraestrutura que o suporta. No caso da solução final, foram necessárias logística, tecnologia, como a empresa Man e a empresa Siemens para a construção de motores e fornos crematórios para os campos de extermínio, assim como técnicos e ajudantes para sua instalação, avaliação do consumo de combustível necessário, sistemas de financiamento, etc., para que o gozo perverso da eliminação do judeu como resto fosse possível. No caso do terrorismo de Estado na Argentina, não bastaram apenas os torturadores e os sequestradores, foi preciso que uma infraestrutura de tecnologia, logística e financiamento fornecesse o suporte. Por exemplo, os roubos de quase 500 bebês de mulheres sequestradas e torturadas pelo terrorismo de Estado[6] exigiram médicos, enfermeiras, advogados e juízes para completar o cenário.

---

[6] O terrorismo de Estado na Argentina sequestrou em torno de 500 bebês de mulheres sequestradas e torturadas em centros de tortura. As crianças tiveram sua identidade biológica trocada e muitos deles foram criadas como filhos biológicos dos próprios assassinos dos pais. A organização Abuelas de Plaza de Mayo já conseguiu recuperar a identidade de mais de 100 netos.

Para poder exercer a prática política como o jogo de interesses que se pauta em um campo de instabilidade fundamental, é preciso não apenas afastar o "pervertido" em favor de exercícios sublimatórios de satisfação, em favor de disputas hegemônicas ou na busca de consensos, mas também desmontar o dispositivo da perversão desde sua infraestrutura. Tanto a figura do pervertido quanto a do cínico e do indiferente, que dão suporte à cena, devem ser desfavorecidas na sua possibilidade de aparição. Isso implica uma ação política que recrie novas e variadas formas de satisfação pulsional parcial, bem como novas identidades.

A sublimação e o reconhecimento das novas identidades

As organizações políticas e os governos cujo regime de renúncia pulsional se articula com o favorecimento de diversos modos de encaminhamento e satisfação e com o reconhecimento de diversos modos de identificação inibem a saída perversa e a instauração de seu cenário. A saída sublimatória realiza-se em ações políticas, em políticas públicas capazes de dar um mínimo de satisfação à demanda pulsional e de reconhecer a multiplicidade de relações de identificação que possibilitem a circulação do desejo. O reconhecimento da demanda pulsional e da identificação significante constituem elementos fundamentais da ação política. O reconhecimento do matrimônio igualitário, o reconhecimento de direitos aos excluídos, o reconhecimento dos povos originários recriam novas identificações significantes sobre a base de antigas demandas, permitem o reconhecimento de novos objetos de desejo e possibilitam uma política do usufruto ou do gozo parcial. Os grupos e projetos políticos divergem e convergem nos modos como entendem os modos de usufruir numa sociedade institucionalizada.

Referências

FAYE, E. *Heidegger*: la introducción del nazismo en la filosofia. Em torno a los seminarios inéditos 1933-1935. Madrid: Ediciones Akal, 2009.

FREUD, S. *Tres ensayos para uma teoria sexual*. In: FREUD, S. *Obras Completas*. Buenos Aires: Hyspamerica, 1988a. v. 6.

FREUD, S. *Totem y tabú*. In: FREUD, S. *Obras Completas*. Buenos Aires: Hyspamerica, 1988b. v. 9.

FREUD, S. *Los instintos y sus destinos*. In: FREUD, S. *Obras Completas*. Buenos Aires: Hyspamerica, 1988c. v. 11.

HEIDEGGER, M. *Bremer und Freiburger Vortrage*. GA 79. Frankfurt: M, Klostermann, 1994.

LACAN, J. *O seminário 3*. Rio de Janeiro: Zahar Editor, 1997a.

LACAN, J. *O seminário 7*. Rio de Janeiro: Zahar Editor, 1997b.

LACAN, J. *O seminário 9*. Texto datilografado, foi consultada a tradução em português e em espanhol, 1961.

LACAN, J. *O seminário 16*. Rio de Janeiro: Zahar Editor, 2008.

LACLAU, E. *La razón populista*. Buenos Aires: Fondo de Cultura Económica, 2008.

MOUFFE, Ch. *Em torno a lo político*. Buenos Aires: Fondo de Cultura Económica, 2009.

SAFRANSKI, R. *Heidegger. Um mestre da Alemanha entre o bem e o mal*. São Paulo: Geração Editorial, 2000.

SCHMITT, C. Der Füher schützt das Recht. *Deutsche Juristen Zeitung*, v. XXXIX, n. 15, p. 945-950, 1934.

SCHMITT, C. *Der Begriff des Politischen*. Berlin: Duncker und Humboldt, 1963.

STRAVAKAKIS, Y. *Lacan y lo político*. Buenos Aires: Prometeo Libros, 2007.

STRAVAKAKIS, Y. *La izquierda lacaniana. Psicoanálisis, teoria, política*. Buenos Aires: Fondo de Cultura Económica, 2010.

VERBITSKY, H. *El vuelo*. Buenos Aires: Editorial Planeta Argentina, 1995.

O terror soberano

Simeão Donizeti Sass

La Boétie, no *Discurso da servidão voluntária*, afirmava:

[...] quando os habitantes de um país encontram uma personagem notável que dê provas de ter sido previdente a governá-los, arrojado a defendê-los e cuidadoso a guiá-los, passam a obedecer-lhe em tudo e a conceder-lhe certas prerrogativas; é uma prática reprovável, porque vão acabar por afastá-lo da prática do bem e empurrá-lo para o mal. Mas em tais casos julga-se que poderá vir sempre bem e nunca mal de quem um dia nos fez bem. Mas o que vem a ser isto, afinal?

Que nome se deve dar a esta desgraça? Que vício, que triste vício é este: um número infinito de pessoas não a obedecer, mas a servir, não governadas mas tiranizadas, sem bens, sem pais, sem vida a que possam chamar sua? Suportar a pilhagem, as luxúrias, as crueldades, não de um exército, não de uma horda de bárbaros, contra os quais dariam o sangue e a vida, mas de um só? Não de um Hércules ou de um Sansão, mas de um só indivíduo [...]. Chamaremos a isto covardia? Temos o direito de afirmar que todos os que assim servem são uns míseros covardes?

É estranho que dois, três ou quatro se deixem esmagar por um só, mas é possível; poderão dar a desculpa de lhes ter faltado o ânimo. Mas quando vemos cem ou mil submissos a um só, não podemos dizer que não querem ou que não se atrevem a desafiá-lo.

Como não é covardia, poderá ser desprezo, poderá ser desdém? Quando vemos não já cem, não já mil homens, mas cem países, mil cidades e um milhão de homens submeterem-se a um só, todos eles servos e escravos, mesmo os mais favorecidos, que nome é que isto merece? Covardia? (LA BOÉTIE, 1982, p. 40).

A questão levantada por La Boétie em 1549 ainda ressoa em nossos dias. A resposta é bem conhecida: a servidão voluntária aceita e solicita o governo de um só, do único. Se o poder é exercido por uma só pessoa, este é delegado por todos os governados. Mesmo em um governo de força, em uma ditadura, em última instância, todos os comandados aceitam o governo tirano porque não se rebelam.

Parece que força e governo sempre se confundem. De certo modo, todo governo se manifesta como força. Em muitos casos um governo surge e é mantido para que ele detenha o controle da força e da violência. Ao menos isso é solicitado quando um grupo humano, tentando livrar-se dos perigos do estado de natureza ou da invasão de outros grupos humanos hostis, aceita que um líder tenha o poder de exercer a força e a violência em seu nome. Para proteger-se da violência dos outros cada membro de uma organização social aceita submeter-se ao controle e comando de alguns ou de um só. A violência que se quer evitar, que deve ser mantida do lado de fora da cidade, é também desejada. A contradição se dá pelo fato de que a violência e a força são necessárias para que ambas sejam evitadas. Um grupo social solicita ao governante que use a violência para que esse mesmo grupo não sofra a violência estrangeira. Nessa relação consentida, será o poder governante exercido somente pela violência e pela força? Governar significa sempre oprimir? Para abordar essas questões vamos resgatar algumas teses da filosofia de Jean-Paul Sartre expostas na sua *Crítica da razão dialética*.

Quando pensamos na palavra governo, a primeira imagem que surge é a estrutura política com suas instâncias de poder e seu aparato institucional. Governo frequentemente aparece associado ao termo política. Mas também podemos pensar em governo de si mesmo, no governo da própria vida, no governo da vida alheia e admitir que as relações de poder também existem em grupos sociais os mais corriqueiros e banais. Sartre sempre tentou mostrar esse lado cotidiano da existência, essa concretude da vida. É possível até dizer que não podemos, com base em suas análises, entender as instituições construídas para o exercício do poder sem esmiuçarmos como ele nasce das relações concretas entre pessoas em um grupo social específico. Daí surge a importância da noção de *grupo em fusão*.

Na *Crítica da razão dialética* Sartre constrói essa noção objetivando pensar concretamente as relações entre pessoas em uma sociedade determinada. De modo amplo é possível afirmar que esse grupo é uma organização humana ativa, um conjunto de indivíduos que ultrapassa por sua práxis seu meio prático-inerte visando a um objetivo comum. Diferentemente de uma simples *série* de indivíduos, em que cada um vale por si, sendo o outro considerado simplesmente enquanto outro – como usuários de transporte coletivo, por exemplo –, cada membro desse grupo em fusão persegue o mesmo fim e partilha de uma mesma práxis; como um grupo revolucionário que marcha unido para tomar a Bastilha. Da mesma forma que um organismo prático, tal disposição comum nasce da ameaça de morte. É essa ameaça que catalisa a práxis de um grupo transformando-o em algo mais do que uma pura relação de exterioridade, típica das tropas reais fiéis ao regime que atiram contra o povo de Paris. Esses dois grupos, os revolucionários e o exército de repressão, estabelecem relações díspares entre si. O primeiro age com um fim determinado e comum, o outro como um ajuntamento de motivos particulares comandados por uma força externa e descomprometida com as vidas em jogo. O conflito estabelecido entre esses dois grupos obriga cada um a agir. Uns tentam tomar a Bastilha, seus adversários buscam defendê-la. O grupo em fusão formado pelos revolucionários torna-se uma realidade coletiva imbuída de uma estrutura radicalmente nova, pois cada membro é o terceiro mediador, ou seja, cada um se torna mediação entre o grupo total do qual participa e os outros membros desse mesmo grupo. O grupo em fusão caracteriza-se por uma estrita identidade e reciprocidade da práxis de cada um onde não se identifica ainda a atribuição de funções rígidas típica do grupo juramentado (*assermenté*). No período de fusão a liberdade manifesta-se de forma mais ampla e concreta porque produzida pela síntese da ação concomitante de indivíduo e de grupo. Todos realizam seu projeto de agir livremente. Sua práxis é libertadora porque ainda não há a imposição do juramento, que é o início da institucionalização da práxis do grupo. Nesse momento de fusão a ação é livre e promotora da libertação, pois as ordens e o comando ainda não foram decididos por um soberano, por um condutor. Nesse grupo, a ação visa, ao mesmo tempo, ser um ato de liberdade individual e coletiva que promove a liberação de todos.

Mas esse grupo em fusão nunca permanece nesse estágio de organização. Sempre ocorre uma transformação. Ele dissolve-se ou transforma-se no grupo organizado. É preciso lembrar que o estágio anterior não era o da desorganização, mas o da ação sem um chefe, sem um líder, sem uma pessoa que assumisse a figura do condutor. Ele estava em fusão exatamente porque os papéis de cada membro ainda não tinham a marca da distinção de poderes.

É exatamente essa informalidade que torna possível a alteração de estado. O grupo sente a necessidade de unir e coordenar melhor as ações. Dessa necessidade surge o *juramento*. Ele é a base do grupo organizado, permanente. Nos grupos em fusão os fins imediatos encerravam os compromissos. Mencionando novamente a Bastilha, depois do momento de tomada e de eliminação dos inimigos, surge a necessidade de consolidação das posições e das conquistas. Surge o perigo da dispersão e da retomada do poder pelos antigos governantes. A serialidade ameaça surgir agora no grupo em fusão. A Bastilha passa a ser o referencial do grupo que deve defendê-la. A ação em comum corre o risco de desagregação. Diante do perigo de dissolução do grupo, surge a necessidade de reforço de sua coesão, de sua finalidade comum. Surge então o *juramento*. Ele é a resposta para o perigo de dissolução do grupo. Contra a possibilidade que cada membro tem de abandonar a causa, surge o compromisso formal. Cada um pode trair os outros, abandonar a causa a qualquer momento. Para tentar sanar essa deficiência todos aceitam prestar um juramento de fidelidade ao grupo, assumindo as consequências de uma deserção, daí também surge o juramento de matar quem abandone o grupo. Nesse momento, a liberdade transforma-se em negação de si. Na definição de Sartre, o juramento ocorre "quando a liberdade se faz práxis comum para fundar a permanência do grupo produzindo para ele mesmo e na reciprocidade mediada a sua inércia" (SARTRE, 2002, p. 518). Ele é a transformação da práxis em inércia. Para que o grupo seja mantido, surge a escolha de transformar-se em uma coisa inerte. O juramento é o compromisso que cada um assume de ser o outro em sua totalidade, de ser si mesmo como grupo. Do grupo em fusão com sua espontaneidade passa-se para o grupo juramentado. Esse momento antecede o grupo organizado. O juramento é o fundamento do grupo organizado que torna a distribuição de tarefas e as diferenças de poder cada vez mais claras e explícitas. O juramento é o ser-no-grupo como exigência intrínseca. Ele é a porta que se abre para a vida serial que foi o ponto de partida da revolução. Por contraditório que possa parecer, aquilo que motiva a mudança torna-se a negação da mudança. Aos poucos, a liberdade vai cedendo lugar ao ato impositivo. Um subproduto do juramento é o que Sartre chama de *fraternidade-terror*. A fraternidade produzida pelo juramento segue os mesmos passos do medo da morte que cada um prova enquanto potencial desertor. Ocorre a interiorização da ameaça de morte que todos buscam evitar e que também representam para os outros. Cada um é para o outro a possibilidade de ser um amigo que protege e um executor. Cada um é para os outros proteção e ameaça.

O grupo, a partir desse momento, tende a ser cada vez mais organizado. A organização é, então, a "distribuição de tarefas. E é o objetivo comum [...] que – definindo negativamente a *práxis* – está na origem da diferenciação" (SARTRE, 2002, p. 539). Com a organização crescente, o grupo passa a ser o fim em si. Se depois da tomada da Bastilha os revolucionários estão na condição de manter a posição, a possibilidade de retorno do inimigo exige que o grupo se mantenha unido para que novos embates sejam travados. Assim, a manutenção da unidade do grupo e sua organização tornam-se o fim mais importante a atingir, para que outros sejam conquistados futuramente. Surge a "consciência de grupo" (SARTRE, 2002, p. 510). Com a vitória, com a tomada da Bastilha, o fim que se apresenta é o da manutenção da vitória, da conservação da posição conquistada. Daí surgem a necessidade de organização e a transformação do grupo em algo permanente. É o futuro que deve ser mantido como presente, ou seja, a vitória exige uma ação conservadora. Uma vez mais vemos que o grupo vive uma contradição: a luta travada contra os conservadores transforma-se em luta pela conservação. A revolução que teve início para acabar com a diferença entre os membros de uma sociedade, aos poucos, vai reorganizando-se segundo a lógica da divisão de poder, de tarefas, de funções, de elevação dentro do grupo. Enfim, vemos surgir os heróis e os comuns, os elevados e os baixos, os soberanos e os súditos, até que um só assume o poder soberano. Vemos ressurgir o conflito entre o comum e o individual. Tal conflito resulta no surgimento de uma nova instância, "a organização transforma-se em hierarquia, os juramentos dão origem à instituição" (SARTRE, 2002, p. 664). Se no grupo em fusão tínhamos o nascimento da fraternidade-terror nas relações entre os seus membros, com a ampliação dos poderes de um grupo dominante, o terror também amplia seu poder. Sartre considera que "o fundamento do Terror é precisamente o fato de que o grupo não tem nem pode ter o estatuto ontológico que ele realmente reclama em sua práxis e é, inversamente, o fato de que todos e cada um produzem-se e definem-se a partir dessa inexistente totalidade" (SARTRE, 2002, p. 664). A criação de um grupo institucionalizado torna cada membro em particular uma realidade negligenciável. Se temos o poder soberano e o grupo como fins últimos, a violência exercida de cima para baixo, do soberano sobre um membro de seu grupo ou de outro passa a ser algo aceitável e até natural. Aquilo que deveria existir para a promoção da libertação de todos serve para a dominação da maioria. O próprio membro do grupo passa a tomar a si mesmo como indivíduo comum. A assunção do papel do soberano e da consequente aceitação do súdito atinge seu ponto culminante. "É uma função, um poder, uma competência definidos: a relação prática com esse contraditório [...] é *jurídica* e *cerimoniosa*: fora até mesmo da ação, cada relação no grupo é reconhecimento recíproco das atribuições e do sistema 'direito-dever'" (SARTRE, 2002, p. 665). No grupo institucionalizado, os membros de baixo escalão são vistos a partir da divisão do trabalho, sendo um simples meio para que o fim estabelecido pelo soberano seja atingido. Na passagem do grupo organizado para a instituição vemos surgir a figura da *autoridade*. Para Sartre,

> o fundamento da autoridade é a soberania enquanto ela se torna, desde o grupo em fusão, quase-soberania do terceiro regulador. Assim, o *chefe* produz-se ao mesmo tempo em que o próprio grupo e produz o grupo que o produz, com a diferença de que, nesse momento elementar da experiência, o chefe é *qualquer um* (SARTRE, 2002, p. 686).

Se nos momentos do *grupo em fusão* e da *organização* a autoridade ainda não era uma figura determinada, vemos que na instituição o quadro é alterado dramaticamente.

> A *autoridade* não se manifesta em seu desenvolvimento completo a não ser no plano das instituições: estas são necessárias, ou seja, o reconhecimento da serialidade e da impotência, para consagrar o Poder e garantir-lhe de direito sua permanência; ou, em outras palavras, a *autoridade* repousa necessariamente na inércia e na serialidade, enquanto ela é Poder constituído; inversamente, sua eficácia real deve visar, pela força coercitiva de que dispõe, o aumento do poder e do número das instituições, como produtos da recorrência e da massificação e como única arma comum eficaz para lutar contra os fatores de dispersão (SARTRE, 2002, p. 687).

Para Sartre,

> A autoridade desempenha uma função definida: enquanto poder sintético exercido por um só [...] ela retoma em si a multiplicidade das relações institucionais para restituir-lhes a unidade sintética de uma *práxis* real. As instituições consideram-se o ser-um inorgânico da comunidade serializada: o chefe considera-se a dissolução e a reunificação sintética dessa passividade exterior, na unidade orgânica

da práxis reguladora, ou seja, da práxis do grupo enquanto ela volta para ele como práxis comum de uma pessoa. Mas – aqui, revela-se a contradição essencial da autoridade – essa reencarnação individual do grupo em fusão e da Liberdade-Terror, ou seja, o chefe, entra, por sua vez, e como tal na multiplicidade institucional, uma vez que ele é o produto real de uma instituição. Assim, o chefe defende as instituições na medida em que parece produzi-las como exteriorização interna de sua interioridade, ele dissolve seu ser-inerte em sua *práxis* histórica (SARTRE, 2002, p. 688).

As três estruturas descritas por Sartre revelam três momentos das relações que seres humanos podem estabelecer entre si. É importante salientar que a vida e o risco de morte sempre figuram como os motores das sociedades humanas. Mas essa vida também quer a liberdade. É sobretudo a vida livre que cada um busca quando aceita viver com outros e até delegar poderes, inclusive o monopólio da força e da violência. É possível constatar que a política abarca a dimensão humana de tornar a vida daqueles que se organizam em sociedade mais segura e ao mesmo tempo mais livre. É com o intuito de viver livremente que abdicam de suas vidas isoladas e da possibilidade de atingir outrem de forma violenta. Se algum ataque ocorre, seja internamente seja externamente, o aparato jurídico-institucional é mobilizado para a defesa do direito de manter a própria vida e de seus familiares. Contudo, nesse esquema, a aceitação de que o monopólio da violência seja operado por um determinado grupo traz consigo uma contradição fundamental. O poder assumido pelo defensor da sociedade pode ser usado como instrumento de opressão não dos inimigos, mas dos comandados. Não é raro vermos o uso de termos como "segurança nacional" no discurso de governantes que direcionam o aparato jurídico-institucional da força regimental, da violência, do controle das forças armadas contra os cidadãos de sua própria sociedade. Desde tempos imemoriais, vemos relatos de governantes que usam o argumento da defesa da soberania nacional para perseguir e eliminar opositores. Muitos sistemas de governo não cultivam nenhum pudor quando defendem abertamente regimes de força. A própria democracia surge como o melhor regime entre os piores. Desde Platão vemos a filosofia defender a figura do rei ainda que ungido pelo manto da sabedoria. Não faltam filósofos e sociólogos defensores de regimes de força ou ditatoriais. Parece que o poder sempre se manifesta como força e como busca de *mais força*. Nunca vemos um regime satisfeito com o poder que detém. Sempre há algo mais a controlar ou a apaziguar. Talvez seja esse o destino da sociedade que sempre pede um governante.

Ao observarmos os momentos descritos por Sartre e os exemplos de sua teoria vamos encontrar na Revolução Francesa o referencial privilegiado. Mas mesmo ali identificamos que os contrários se tocam, que teoria da curvatura da vara aponta o caminho que vai de um lado ao seu oposto. Do momento de fusão da conquista da Bastilha ao Terror da guilhotina vemos os ideais de liberdade, igualdade e fraternidade ganharem roupagens as mais contraditórias. Mas o esquema descrito não serve somente para tentar entender a Revolução Francesa. Ele serve também para descrever diversos regimes fascistas que dominaram a Europa, para citar somente os do século XX. O nazismo foi, sem dúvida, o modelo que mais se aproximou da idealidade. Poucos foram os exemplos antes e depois do surgimento de Hitler que conseguiram realizar plenamente o ideal de poder absoluto, de absoluta soberania e de soberano terror. Com o nazismo vimos todos os ideais de terrorismo de Estado, de violência absoluta, de extermínio, de exclusão e genocídio serem realizados historicamente. O projeto arquitetado durante longos anos após a derrocada da Primeira Grande Guerra Mundial foi implementado de forma sistemática. Ao poder arrasador da máquina de guerra somou-se o ideal de extermínio de povos e de produção de uma raça superior. O projeto de elevação do soberano ao posto de divindade ganhou contornos apologéticos. Muitos afirmam que o nazismo foi uma experiência isolada e que jamais teremos novamente a restauração de semelhante projeto. Para aqueles que consideram que não há mais o perigo da conquista do poder absoluto pela via da força total e da eliminação de opositores aos milhões, os recentes exemplos da Grécia e de outros países da Europa fazem lembrar que tudo começa com uma imensa crise econômica. A mesma ameaça ao ser vivente que leva grupos humanos à revolta também serve como estopim para os ditadores de plantão. O mais preocupante no esquema que vemos surgir ciclicamente ao longo da história e que foi sintetizado na interrogação de La Boétie é que não só a tirania ou a ditadura de países europeus serviram de ícones para os países que sofreram suas consequências. O modelo de força serviu com exemplo para outros momentos históricos e outras regiões. Hoje sabemos que as ditaduras latino-americanas funcionavam como um imenso consórcio, como um hiperorganismo. Os conhecimentos obtidos em um país eram transferidos para os outros. O regime nazista fez escola desde a União Soviética stalinista até os generais das republiquetas da Ásia, África e América. O macarthismo foi a versão americana da polícia política das ditaduras fascistas. Chalmers Johnson demonstrava que os Estados Unidos, com centenas de bases militares espalhadas pelo mundo, tentavam e tentam realizar o ideal romano do império. Em resumo, sempre há o risco de elegermos um novo soberano, principalmente quando praticamos alegremente a servidão voluntária.

Referências

ARONSON, R. *Sartre's Second Critique*. Chicago: The University of Chicago Press, 1987.

GORZ, A. *Le Socialisme difficile*. Paris : Éditions du Seuil, 1967.

HOWELLS, C. *The Cambridge Companion to Sartre*. Cambridge, Cambridge University Press, 1992.

LA BOÉTIE, E. *Le Discours de la servitude volontaire*. Paris: Payot, 1978.

LA BOÉTIE, E. *Discurso da servidão voluntária*. São Paulo, 1982.

NEWMAN, S. A servidão voluntária revisitada: a política radical e o problema da autodominacão. *Verve*, São Paulo, São Paulo, NU-SOL, n. 20, p. 23-48, 2011.

NUNES, L. H. M. Ação e reação: uma leitura da recepção histórica do Discurso da servidão voluntária. *Cadernos de Ética e Filosofia Política*, v. 7, n. 2, p. 53-63, 2005.

SARTRE, J.-P. *Crítica da razão dialética*. Rio de Janeiro, Editora DP&A, 2002.

SARTRE, J.-P. *Critique de la raison dialectique*. Paris, Gallimard, 1960.

SEEL, Gerhard. *La dialectique de Sartre*. Lausanne: Ed. L'Age d'Homme, 1995.

Estado e crime: extermínio, intimidação, exclusão

Guilherme Castelo Branco

Quando Adolf Hitler enviou o telegrama 71, no fim da Segunda Guerra Mundial, no qual determinava o fim das condições pelas quais o povo alemão permaneceria vivo em caso de derrota, levou a seu ápice toda uma lógica do Estado na sua versão triunfante, que não admite qualquer falha na seu projeto de dominação. Se o povo alemão, caso o telegrama fosse seguido à risca, fosse exterminado, tal fato decorreria de uma lógica na qual "somente o povo vitorioso merece viver, ora, se determinado povo não é vitorioso, logo deve deixar de existir, por não merecer persistir na existência". O raciocínio, demasiado duro com o povo alemão à época, faz com que imaginemos o que poderia e certamente iria acontecer com os outros povos, vencidos e em absoluta inferioridade, no caso de vitória do regime nazista e de seus aliados.

Todavia, não estamos falando de um fenômeno ideológico, nem mesmo de um fato histórico particular e localizado; falamos, isto sim, de uma tecnologia de poder nascida em meados do século XVIII e que tem por alvo a regulação da população, que Foucault denomina de "biopolítica da espécie humana" (FOUCAULT, 1997, p. 214). Este novo poder funcionaria diferentemente do poder de soberania, que "fazia morrer e deixava viver (FOUCAULT, 1997, p. 220), ao passo que "agora surge um poder que eu chamaria de regularização, e que consiste, pelo contrário, em fazer viver e deixar morrer"(p. 220).

Tal forma de gestão do poder e da vida, todavia, não se faz apenas no sentido da manutenção e cuidado com a saúde da população e dos trabalhadores. No *Il faut defendre la societé*, Michel Foucault demonstra sua indignação com o fato de que o Estado moderno tenha passado a eliminar sua própria população, o que contraria seus objetivos e sua razão de ser: "Como um poder como este [o biopoder] pode matar, se ele na verdade cuida essencialmente de majorar a vida, de prolongar sua duração, de aumentar sua chances, e afastá-la dos acidentes, de compensar suas deficiências? Como, nessas condições, é possível, para um poder político, matar, pedir a morte, causar a morte, fazer morrer, dar a ordem de matar, expor à morte não somente seus inimigos, mas também seus cidadãos? Como este poder que tem por objetivo fazer viver pode deixar morrer? (FOUCAULT, 1997, p. 226-227).

Para Foucault, a história da razão, nos últimos três séculos, consiste no crescente avanço de diversas tecnologias de poder, constitui-se de diversas e sucessivas técnicas de controle da subjetividade e das populações, o que faz da racionalidade política uma estranha e questionável conquista no campo histórico-social. Todos nós vivemos em tempos de espantosos excessos de poder político, que estão acompanhados de genocídios e eliminações de extrema violência, justamente no século XX, em plena modernidade. Foucault cita como exemplo o fascismo e o stalinismo como sendo patologias do poder, pois através delas crimes terríveis foram cometidos, mas alerta, com muita pertinência, que "o fascismo e o stalinismo utilizaram e alargaram mecanismos já existentes na maioria das outras sociedades. Mas não somente isto; malgrado sua loucura interna, eles utilizaram, em grande medida, as ideias e os procedimentos de nossa racionalidade política" (FOUCAULT, 1994, v. 4, p. 224). A racionalidade política, acompanhada dos conhecimentos técnicos e científicos, tem realizado as mais diversas modalidades de eliminação e assassinato em massa, em distintas escalas, em práticas que vão da guerra ao descaso com os não cobertos pela seguridade social, de maneira a que tal articulação se passe nos mais diversos campos de intervenção social, tais como os campos jurídicos, médicos, militares, pouco importa, desde que funcione algum modo de controle, de extermínio, de exclusão, de eliminação.

O papel da filosofia, segundo Foucault, foi e é o de impedir a razão de ir além de seus limites, ainda que seu poder de intervenção seja irrisório. A burocracia e os campos de concentração, com todo o seu aparato técnico-científico, com todas as competências funcionais a seu serviço, são prova cabal desse excesso da racionalidade em nossa época. A questão filosófica, portanto, não é de ordem moral, vinda da refutação do uso da racionalidade em nome de valores humanos, nem é a de procurar ter êxito na contestação do poder da razão, em nome de um campo extrarracional. Ademais, não diria respeito à filosofia fazer uma crítica à totalidade social e à racionalidade que presidiria ao mundo sociopolítico considerado como um todo; mais especificamente, a crítica filosófica possibilita que vejamos como, a partir da análise histórica da vida social, visando aos seus campos particulares e 'menores' "nós nos tornamos prisioneiros de nossa própria história" (FOUCAULT, 1994, v. 4, p. 225).

Nossa hipótese central neste trabalho é a de que duas ideias seminais apresentadas no *Sécurité, territoire, population*, a saber, a governamentalidade e o golpe de estado, não são antagônicas, apesar das aparências. A linha de argumentação de Foucault é muito evidente: a partir dos fins séc. XVII, inicia-se uma nova era do poder, que vem substituir a era do da soberania. A nova era traz a governamentalidade como tecnologia do poder, e sua vocação principal é a gestão e administração da população, a regulação das atividades econômicas, assim como a articulação e o planejamento estratégico da vida socioeconômica. Já na soberania, o eixo mais importante é a vontade e as artimanhas do soberano nas artes de dominar os cidadãos. Na governamentalidade, o mundo democrático, feito a partir da decisão popular e amparado nas leis, segundo Foucault, seria um mundo da gestão dos interesses da população, considerada enquanto categoria abstrata. Tudo seria liso e sereno, se não entrasse em jogo a ideia de golpe de Estado, ou seja, a ideia de que a governamentalidade traz em si mesma um aspecto absolutamente inusitado, quando se pensa em certas condições excepcionais, mas não tão fora de esquadro com muitos podem imaginar, pelas quais as regras do jogo político passam a ser ameaçados e são anuladas. É neste ponto limítrofe que se inicia o golpe de estado, entendido de enquanto iniciativa e ação feitos pelo próprio Estado.[1]

Segundo o filósofo francês, que se apoia no teórico do século XVII Naudé, o golpe de Estado é "para começar, uma suspensão, uma paralisação das leis e da legalidade. O golpe de Estado é o que excede o direito comum" (FOUCAULT, 2004b, p. 267). Como se pode observar, o Estado, em seu exercício racional e gestor das instituições, deveria ter um caráter absolutamente administrativo; entretanto pode passar a ter um rosto completamente diferente, segundo suas conveniências: "quando a necessidade exige, a razão de Estado converte-se em golpe de Estado e, neste momento, é violenta. Violenta,

---

[1] Neste caso, temos de deixar claro que a noção de golpe de Estado, em Foucault, é sinônimo de estado de sítio ou estado de exceção, situação que se desencadeia por dispositivos constitucionais e que é realizada pelo próprio Estado, em caso de ameaça (real ou fictícia) externa ou interna. A noção tradicional de golpe de Estado, por sua vez, seria a tomada de poder por meios imprevisíveis e fora da legalidade. É o primeiro caso que é objeto da análise do filósofo, e é perfeitamente cabível que façamos a associação entre golpe de Estado e terrorismo de Estado.

ou seja, ela é obrigada a sacrificar, a amputar, a fazer o mal, e ela é constrangida a ser injusta e assassina" (FOUCAULT, 2004b, p. 269). Tal violência, ademais, é e deve ser teatral,[2] não somente para impactar, mas também para mostrar que sua intervenção é durável ou irreversível. Finalmente, o Estado leva muito longe o desejo de reparação no golpe de Estado, justificando, em muitos casos, o teatro político. Com efeito, "o golpe de Estado é violento. Ora, como o golpe de Estado nada mais é do que a manifestação da razão de Estado, nós chegamos à ideia de que não existe antinomia, no que concerne ao Estado, pelo menos, entre razão e violência.[3] É possível afirmar-se, inclusive, que a violência de Estado nada mais é do que a manifestação abrupta, de certo modo, de sua própria razão" (FOUCAULT, 2004b, p. 270). Ao fim e ao cabo, a noção de golpe de Estado é inerente ao Estado e por este motivo justifica-se a expressão terrorismo de Estado, que é a manifestação da violência do Estado face à sua população e ao sistema legal.

As relações de poder e as técnicas de controle postos em prática nos tempos de biopolítica se fazem tanto sobre as populações como sobre os indivíduos, e as lutas políticas se fazem seja em escala macropolítica seja em escala micropolítica, tendo como ponto limítrofe a violência inominável dos golpes de Estado. Em consequência, a oposição entre governamentalidade (gestão) e golpe de Estado (violência) parece ser meramente retórica e traz a grande lição de que a política, na modernidade, acarreta e aceita "violências como sendo a forma mais pura da razão e da razão de Estado" (FOUCAULT, 2004, p. 272-273). Na raiz e no cerne da racionalidade

---

[2] Como bem mostra Roberto Nigro, no seu texto "Violência de Estado, golpe de Estado, estado de exceção", publicado neste livro.

[3] O que assegura nossa interpretação apresentada na nota anterior: o golpe de estado é iniciativa e realização do Estado.

política está a violência, a tendência ao genocídio e ao extermínio, fato irrefutável do presente histórico. O Estado e o crime de Estado, o terrorismo de Estado, são manifestações da própria razão de ser do Estado. Eles coabitam na paradoxal interface entre legalidade e violência.

Podemos indicar algumas práticas de extermínio, intimidação, exclusão, seguindo uma sugestiva indicação presente no texto "O sujeito e o poder", de 1982,[4] a de que o poder de Estado é ao mesmo tempo totalizador e globalizante. "Nunca existiu, creio eu, na história das sociedades humanas – inclusive na velha sociedade chinesa –, no interior das estruturas políticas, uma combinação tão complexa de técnicas de individuação e de procedimentos totalitários" (FOUCAULT, 1994, v. 4, p. 229). Façamos, assim, para cada caso, uma menção macropolítica e uma menção e micropolítica.

Certamente, o ápice do terrorismo de Estado não está, e isto já é muito conhecido, na eliminação dos indesejáveis,[5] de parcelas da população que foram ou podem passar a ser indesejáveis e elimináveis. O maior poder de eliminação, do qual quase ninguém fala, e Foucault insiste neste ponto, está no paradoxal caráter suicida do Estado: "o que faz com que o poder atômico seja, para o funcionamento do poder político atual, uma espécie de paradoxo difícil de contornar, ou mesmo absolutamente incontornável, é o fato de que,

---

[4] Texto 306 do *Dits et écrits*, v. 4.

[5] Em entrevista ao jornalista Ceverino Reato, o general Jorge Videla revela que em decretos privados os chefes militares na ditadura Argentina, entre 1976 e 1981, foram liberados para utilizar a sigla D.F., para fazer com que alguém fosse eliminado. Tal sigla, na gíria militar argentina, "disposicíon final", dizia respeito aos uniformes ou botas que não servem mais. Neste período a sigla foi aplicada àqueles que foram assassinados por motivos políticos. O próprio Videla afirmou ter escrito a sigla várias vezes em vários documentos, e calculou que foram eliminadas 9.000 pessoas apenas com tal procedimento.

no poder de fabricar e de utilizar a bomba atômica, pôs-se em cena um poder que é o de eliminar a vida como tal. E de se autossuprimir, consequentemente, como poder de assegurar a vida" (Foucault, 1997, p. 226). Por outro lado, se pensarmos no estoque de bombas de hidrogênio e no potencial de destruição absoluta de toda e qualquer forma de vida da vida no planeta, temos de reconhecer que o limiar do Estado, seu ponto máximo, é seu poder de destruição total, de caráter totalmente suicida. Foucault (1997, p. 226) cita, para completar, apenas para tocar no cerne da questão da biopolítica, que o caráter suicida do Estado chega a seu ápice paradoxal na fabricação de "vírus incontroláveis e universalmente destruidores".

O reverso da moeda, no tocante à eliminação, está no trabalho meticuloso do Estado na eliminação de personagens políticos emblemáticos. Temos o caso de Che Guevara, que incomodou, em tempos de Guerra Fria, o império americano. Na Bolívia, onde foi preso e assassinado, Che foi vítima da organização paramilitar montada por um ativista de ultradireita, Klaus Altmann, que na verdade era o capitão da SS Klaus Barbie (conhecido como o "carniceiro de Lyon", por torturar e matar crianças, mulheres e adultos dando risadas), radicado confortavelmente no interior do país latino-americano, sob o beneplácito apoio financeiro da CIA e dos EUA. Os americanos queriam ter certeza da morte de Che, e o agente de polícia Roberto Quintanilha mandou amputar as mãos de Che Guevara, que foram enviadas para Washington para verificação das impressões digitais. O policial recebeu, como prêmio por esse gesto, o Consulado da Bolívia em Hamburgo, Alemanha, até ser morto, quatro anos depois, por uma militante de esquerda, com três tiros. Monica Ertl, a militante, foi morta, por sua vez, em uma emboscada preparada pelo carrasco nazista a serviço dos americanos Klaus Barbie. O que é digno de nota é que, independentemente da ideologia, é que toda a urdidura da inteligência pode ser levada adiante a serviço do trabalho de eliminação de determinadas pessoas, não importa os meios e quem sejam as pessoas a serviço desse crime e de assassinato.[6] No tocante à intimidação, vou indicar um dos temas mais candentes da atualidade: a seguridade social.[7] As tomadas de decisão no campo da seguridade social podem legar as pessoas a condições de extrema fragilidade e impotência e leva as pessoas a viver um estado de constante temor. Fazer com que certas pessoas ou grupos sociais passem a não ter mais direito a certos benefícios, ou – o que é mais terrível – a não ter mais direito a um determinado atendimento médico quando eventualmente necessitar, eis uma situação à qual todos nós estamos passíveis. Tal processo intimidatório leva as pessoas a um estado de submissão perante chantagens e humilhações, em nome de uma possível segurança que por sinal nunca se mostra categórica, quando se trata de segurar os trabalhadores, dependentes que são do sistema de seguridade. O modo de vida das pessoas passa a ser cerceado e vigiado, padrões de normalização são crescentemente postos em ação, pessoas cada vez mais dependentes e assujeitadas são postas e dispostas pelas sutis tecnologias de poder existentes na era do controle e da governamentalidade. As pessoas passam a ser responsabilizadas pelos efeitos médicos e legais da vida que levaram ou ainda levam – se contrárias ao padrão desejável – e podem ser excluídas, caso não se adequem às regras do jogo burocrático e político. E estas regras de seguridade, lembremos, são fluidas, móveis, e nunca deixamos de estar fora de

---

[6] Como ocorreu, recentemente, na eliminação de Osama Bin-Laden, execução que foi assistida ao vivo pela cúpula da Casa Branca e por Barack Obama.

[7] Quanto ao tema, recomendo o texto 325 do *Dits et écrits*, sob o título "Un système fini face à une demande infinie".

uma possível e eventual situação de risco, na qual podemos ser expostos a dificuldades e ao desamparo. Por outro lado, temos a tendência à intimidação dos doentes que não seguem à risca suas dietas e comportamentos durante um tratamento médico, que podem passar a não ter mais atendimento caso não se comportem.

Um caso particular de intimidação, que me comove, foi a do líder sindical argentino Agustín Tosco, "El Gringo". Doente, com problemas respiratórios, como Che Guevara, resultado de temporadas como foragido nas serras cordobesas (Argentina), foi levado à morte de um modo singular. Todos os hospitais e médicos da região foram controlados e incessantemente investigados (e, claro, ameaçados ou intimidados), para que nenhuma chance de atendimento médico fosse possível. O que resultou na sua morte, por assim dizer, em consonância com a própria ideia de biopolítica, cujo princípio, no seu segundo termo, é "deixar morrer" (vide referência no início deste texto).[8]

Sobre a exclusão, e isto nunca deve ser esquecido, devemos lembrar que esta é da ordem de uma eliminação real, que muitos entendem que é "simbólica"; nada disso: a exclusão consiste num modo terrível de elisão, de desaparição. A percepção de Foucault é sutil: "por levar à morte eu não penso somente na morte de forma direta, mas também no que pode ser assassinato indireto: o fato de expor pessoas à morte, de multiplicar para elas o risco de morte, ou, pura e simplesmente, a morte política, a expulsão, a exclusão, etc." (FOUCAULT, 1997, p. 228-229). A multidão dos ameaçados pela fome nos países periféricos, os que abandonam suas casas e países às vezes sem poder levar nada, os grandes contingentes populacionais que vão em busca de uma vida

---

[8] Por outro lado, foram eliminadas as condições pelas quais Agustín Tosco poderia permanecer vivo.

melhor (ainda que seja uma vida humilhada), são milhões aqueles que estão em outros países e continentes, desenraizados, quase sempre tidos como indesejáveis e considerados párias nesses países onde conseguem entrar. A rota de acesso para a entrada nos países "centrais" é perigosa, os caminhos são difíceis, milhares e milhares de pessoas morrem à míngua em barcos,[9] em meios de transportes inapropriados, ou simplesmente assassinados por contrabandistas de carga humana. Por outro lado, em terras estrangeiras, muitas vezes sem qualquer amparo legal, essas pessoas vivem excluídas do convívio social e dos direitos fornecidos pelo Estado. Convertem-se em trabalhadores pouco custosos e sem nenhum custo social e trabalhista. Os excluídos, os exilados são a carne barata do capitalismo, descartáveis e desprezíveis. A grande massa da exclusão, é constituída pelos estrangeiros, pelos estranhos, pelos apátridas.

Uma última observação, muito breve, sobre a relação entre Estado e crime. Se o Estado tem na sua raiz a violência, a resistência ao poder deve visar à eliminação do próprio Estado e do terrorismo de Estado. A resistência ao poder, todavia, não é só política. Tem por objetivo a vida, a preservação da vida, não apenas a defesa de modos de vida, busca acima de tudo a defesa da vida no planeta. Neste momento, em contradição com a biopolítica, a luta se faz com a bandeira da ecopolítica.

Referências

CASTELO BRANCO, G. Atitude-limite e relações de poder: uma interpretação sobre o estatuto da liberdade em Michel Foucault. *Verve*, São Paulo, NU-SOL, n. 13, p. 202-216, 2008.

---

[9] Ver, a este respeito, o texto 355 do *Dits et écrits*,"Face aux gouvernements, les droits de l'homme".

CASTELO BRANCO, G. Ontologia do presente, racismo, lutas de resistência. In: (Org.). PASSOS, I. F. *Poder, normalização e violência*. Belo Horizonte: Autêntica, 2008.

DUARTE, A. Foucault e as novas figuras da biopolítica: o fascismo contemporáneo. In: RAGO, M.; VEIGA-NETO, A. (Org.). *Para uma vida não-fascista*. Belo Horizonte: Autêntica, 2009.

DUARTE, A. *Vidas em risco*: crítica do presente em Heidegger, Arendt e Foucault. Rio de Janeiro: Forense Universitária, 2010.

FOUCAULT, M. *Histoire de la sexualité I*: la volonté de savoir. Paris: Gallimard, 1976.

FOUCAULT, M. *Dits et écrits*. 1954-1988. Paris: Gallimard. Paris: Gallimard, 1994. 4 v.

FOUCAULT, M. *Genealogia del racismo*. La Plata: Altamira, 1996.

FOUCAULT, M. *Il faut defendre la societé*. Paris: Seuil, 1997.

FOUCAULT, M. *Naissance de la biopolitique*. Paris: Seuil, 2004a.

FOUCAULT, M. *Sécurité, territoire, population*. Paris: Seuil, 2004b.

PASSETTI, E.; OLIVEIRA, S. (Org.). *Terrorismos*. São Paulo: Educ, 2006.

PECORARO, R. (Org.). *Os filósofos clássicos da filosofia*. Rio de Janeiro: Ed. PUC-Rio; Vozes, 2009. v. 3.

Violência de Estado, golpe de Estado, estado de exceção

Roberto Nigro
Tradução de Guilherme Castelo Branco

Farei algumas considerações sobre "violência de Estado, golpe de Estado e estado de exceção". Para começar, gostaria de definir o contexto no qual esta reflexão se situa. De modo *negativo*, minha *démarche* não leva em consideração fenômenos ou acontecimentos históricos concretos, tal como *um* golpe de Estado *aqui* ou *ali*, mas se vincula sobretudo à reflexão filosófica, à teoria política, ou, dizendo de outro modo, à maneira como o pensamento político moderno (e contemporâneo) refletiu ou reflete sobre essas questões. Em segundo lugar, *positivamente*, para trabalhar o tema apoio-me, em parte, em marcos teóricos que vêm da obra de Foucault; em particular, em conceitos elaborados por ele tais como governo, governamentalização, governamentalidade, práticas de governo, etc. Por exemplo, o conceito de governamentalidade é um instrumento teórico importante para analisar uma série de fenômenos que tem relação com o funcionamento do poder, com a produção do discurso e a constituição dos sujeitos. A governamentalidade é a superfície de contato onde se entrelaçam as três dimensões do poder, da verdade e da subjetividade, e permite levantar a questão da forma biopolítica da subsunção real, isto é, a questão das formas últimas sobre as quais repousa a produção capitalista.

As pesquisas de Foucault acerca do nascimento da biopolítica levantam a questão da emergência do Estado, da governamentalização do Estado; não levantam a questão da estatização da sociedade; elas levantam a questão do surgimento do Estado como jogo político fundamental no interior de uma história mais geral que é a da governamentalidade, nos diz Foucault.

No curso *Segurança, território, população*, Foucault dedica algumas páginas à análise da questão do golpe de Estado no século XVII, levando em conta a obra clássica de Gabriel Naudé (2004, p. 269-272) sobre o tema (publicada em Roma, em 1639, em 12 exemplares). Retomarei alguns aspectos de sua análise nas páginas seguintes. No momento, eu gostaria de ressaltar que Foucault levantou um grande problema, nessas páginas, entre outras coisas, que é o da teatralização do poder. Por teatralização do poder, Foucault quer dizer diversas coisas: ele faz alusão a isso quando fala da obra de Naudé para tecer considerações sobre a função do teatro, e sobre a maneira como a cena teatral veste ou reveste a cena política (GUILLOT, 2007).

Mas, quando se fala de teatralização do poder, pensa-se também na relação entre as práticas de poder e as formas de representação do poder. Enuncio, portanto, minha hipótese, sustentando que a representação do poder é um elemento estrutural de seu funcionamento. Dizendo de outro modo, a teatralização do poder como manifestação do Estado e do soberano, do soberano como depositário do poder de Estado, é um elemento estrutural da existência do poder, de sua eficácia e de sua performatividade. É nesse aspecto teórico que gostaria de insistir.

Acredito que na análise contemporânea existem ao menos dois autores que levantaram essa questão de maneira muito evidente. Por um lado, penso em Giorgio Agamben e no seu livro *O Reino e a glória*, que põe, no meu entender, uma questão fundamental, que eu resumiria assim: por que o poder tem necessidade da glória, ou seja, o que há de bom nesse aparelho cerimonial e litúrgico que acompanha o poder desde sempre? Agamben mostra que o poder moderno não é somente "governo", mas também "glória", e que as cerimônias, as liturgias e as aclamações, que nós nos habituamos a considerar como resíduo do passado, não cessam de constituir a base do poder ocidental. Mediante uma análise apaixonada das aclamações litúrgicas e dos símbolos cerimoniais do poder, do trono à coroa, da roupa púrpura às colunas das tropas romanas, Giorgio Agamben constrói uma genealogia inédita que ilumina de um modo novo a função do consenso e das mídias nas democracias modernas.

Por outro lado, há outro autor francês, morto em 1992, Louis Marin, que consagrou uma parte importante de sua obra à análise das relações entre poder e encenação do poder, entre poder e atuação. O que é encenado na representação, o que se transforma em poder, são os atos específicos de violência. Marin introduz, portanto, na relação entre o poder e sua representação, entre o poder e sua encenação, um terceiro elemento, que é o da violência. E para estudar essa relação ele nos dá um exemplo preciso, que é o da teoria do golpe de Estado na época barroca. Marin (2005) se apoia em particular num exame detalhado da obra de Gabriel Naudé, a qual eu mencionei a propósito de Foucault.

As referências teóricas que acabei de citar constituem, portanto, o pano de fundo deste trabalho. Meu propósito não é analisar diretamente as obras desses autores, mas dialogar com as questões levantadas por eles.

Levando adiante essa trajetória teórica, passo agora para a questão do golpe de Estado, da violência do Estado no horizonte geral das discussões acerca da razão de Estado, tais como foram esboçadas no século XVII. O golpe de Estado é, de uma maneira bem particular, uma *maneira de fazer*, uma arte de governar, uma prática e uma técnica de poder. Quando falo de golpe de Estado, ponho-me, imediatamente a seguir, numa tentativa de traçar uma genealogia desse conceito, de mostrar como essa noção e essa prática evoluíram ao longo de nossa história. Não me refiro à noção corrente de golpe de Estado tal como a conhecemos hoje. Eu gostaria de voltar um pouco atrás na história, por motivos que vão se tornar claros em seguida, e começar por considerar a questão do golpe de Estado no século XVII. O século XVII foi, para muitos, um momento fundamental de nossa história, provavelmente o momento no qual todo o conceito político moderno foi forjado, criado; o momento no qual nossa modernidade se constituiu; talvez ele seja o momento-chave de nossa história, de uma história da qual nós ainda não saímos ou na qual ainda estamos aprisionados.

O que é golpe de Estado? Golpe de Estado é um ato de violência que excede as leis; todavia, no século XVII, [tal ato de violência] não está em ruptura com a razão de Estado. Há momentos nos quais a razão de Estado não pode mais cumprir as leis, quando é obrigada por algum acontecimento premente e urgente a deixar de lado essas leis em nome da vida do Estado: neste momento o golpe de Estado irrompe como uma manifestação da razão do Estado. Entretanto, para que o golpe de Estado seja eficaz, deve fazer uma cena espetacular, deve-se fazer notar: eis o caráter necessariamente teatral do golpe de Estado.[1]

Pelo século XVII, surge uma problemática e fenômenos políticos, aos quais estamos inteiramente vinculados, que têm nexos com a questão da razão de Estado enquanto arte de

---

[1] Christophe Boutin et Frédéric Rouvillois (ed.), *Le Coup d'état. Recours à la force ou dernier mot du politique?*, op. cit.; Jean-Louis Harouel, *Des coups d'état sous l'ancien régime*, in Christophe Boutin et Frédéric Rouvillois (ed.), *Le Coup d'état.*, op. cit., p. 26-36. Ver também T. Reinach, *De l'état de siège*. Étude historique et juridique, Pichon, Paris, 1885.

governar (tal como ela é definida em muitas obras da época: de Botero a Chemnitz e Palazzo, para citar apenas alguns autores. Maquiavel e toda literatura anti-Maquiavel representam, sem dúvida, o ponto de partida teórico e fundamental de tal problemática).

Na questão da razão de Estado, aos cálculos do Estado para conservar a integridade, a tranquilidade e a paz da república muitos elementos são adicionados e definem as formas modernas da governamentalidade. Todavia, quando estudei tais formas modernas de governamentalidade, me pareceu importante sublinhar um aspecto. As artes de governar modernas são atravessadas por um paradoxo aparente: tanto em regimes liberais quanto neoliberais, na democracia dos cidadãos ou na constituição republicana moderada (fundada na divisão dos poderes), os regimes políticos modernos sempre comportam uma interface de exceção, declarada ou dissimulada. O Estado de direito é também um Estado policial; o Estado que acolhe seus indivíduos e seus grupos à comunidade de cidadãos é também um Estado que exclui os rebeldes, os anormais, os desviantes, os estranhos; o Estado social também é um Estado de classe organicamente associado ao mercado capitalista; o Estado democrático e civilizado é também um Estado poderoso, de conquista colonial e imperial; logo, o Estado de exceção não é "uma exceção", mas aquilo sobre o qual parece se apoiar a arte de governar.

É possível que se interprete o funcionamento normal e regular do poder como apoiado na exceção? Eis uma das questões que gostaria de apresentar neste trabalho. Certamente, nós somos herdeiros desse modelo de poder e de governo atual e contemporâneo; uma análise conceitual e histórica mostraria que tal modelo esteve no coração do desenvolvimento da política moderna há, pelo menos, quatro séculos. O golpe de Estado, a título de exemplo, desde a época Clássica, sempre foi entendido por referência a uma situação de urgência, a uma necessidade maior; seria o ato que o soberano utiliza quando está em questão a vida do Estado; em nome da sobrevivência do Estado, o soberano poderia recorrer a medidas excepcionais e à suspensão do direito comum.[2] Todavia, o que se afirmava na época do absolutismo não desapareceu na época contemporânea: medidas de urgência, que só se multiplicaram, foram feitas para responder a crises, a situações de emergência, a insurreições, a perigos vindos de inimigos interiores ou exteriores à nação. Na época do império, a guerra torna-se um ato de polícia internacional: não se trata mais de uma guerra entre os Estados, mas, isto sim, de uma guerra contra os inimigos internos do império; inimigos que são reconhecidos seja enquanto terroristas, seja enquanto um conjunto de figuras antropológicas diferentes como o estranho, o anormal, o desviante, as minorias; isto é, enquanto todo um conjunto de figuras que o universalismo burguês produz por meio de mecanismos de inclusão-exclusão, ou de inclusão excludente.

Gostaria de ressaltar também que, quando estudamos esses mecanismos de inclusão-exclusão ou de inclusão excludente, ou quando usamos conceitos tais como guerra civil, insurreição, resistência, o Estado de exceção situa-se, de cara, numa zona ambígua, incerta; num espaço situado no entrecruzamento do jurídico com o político. O que gostaria de questionar em minha análise é a eficácia de um paradigma como o do Estado de exceção, a fim de mostrar como a governamentalidade contemporânea funciona e por quais sutis

---

[2] Ver a obra clássica de Gabriel Naudé, *Considérations politiques sur les coups d'états*, op. cit., assim como as obras do século XVII tais como a de J. de Silhon, *Le Ministre d'Estat*, Paris, 1631 et J. de Sirmond, *Le coup d'état de Louis XIII,* Paris 1631. Ver também Y.-M. Bercé, "Les coups de majesté", em *Complots et conjurations dans l'Europe moderne*, Rome, École française de Rome, 1996.

estratégias é regida. Enfim, gostaria de evitar esta espécie de binarismo fácil que consiste em jogar com a oposição entre formas políticas alicerçadas *ou* na regra *ou* na exceção.

Por que abordar a questão da exceção e da regra ao se falar do golpe de Estado? Com efeito, ao colocarmos a questão das artes de governo, se nos interrogamos acerca dos mecanismos de poder que acompanharam o Estado moderno desde sua emergência, não somos obrigados a dar justificativas suplementares para explicar a escolha desse tema. Mas, quando a questão é o golpe de Estado, somos obrigados a esclarecer (e eu me incluo nesta opção) tal escolha teórica.

A meu ver, nas últimas décadas, houve um esforço para tentar liquidar toda experiência revolucionária. Apressamo-nos em declarar o fim de toda ideologia, e, por vezes, o fim da história, o fim de toda forma de conflito social, o fim de toda forma possível de revolução: dizem-nos que finalmente entramos numa época (da qual provavelmente não saímos ainda) na qual tudo se tornou "pós": pós-moderna, pós-industrial, pós-ideológica, pós-revolucionária, etc. Aceitando esse novo quadro ideológico, alguém que levante a questão do golpe de Estado parecerá movido por uma pura paixão de antiquário, uma pura paixão de historiador, que busca redescobrir uma prática antiga. Certo, ouvimos falar que de quando em quando golpes de Estado irromperem aqui ou ali; mas a ideologia de nossa época nos leva a crer que se tratam de acontecimentos que se dão nas "margens" da experiência democrática. Isto é, ela nos induz a acreditar que onde a democracia é um fato "consumado" (mas seria preciso compreender o que isso quer dizer e também perguntar se a democracia pode ser um fato consumado) o golpe de Estado não pode acontecer. Os regimes democráticos parecem estar ao abrigo de toda possibilidade de golpe de Estado.

Essa ideia, bem difundida no espírito democrático, sem dúvida, faz eco ao fato de que o pensamento político moderno, a partir de Locke – óbvio – não parou nunca de desmerecer o golpe de Estado, caracterizando-o como um ato maldito, como um ato que tem a marca da usurpação e da ilegitimidade. A compreensão do golpe de Estado [*coup d'état*] como ataque surpresa [*coup de main*], como ato violento, ilegítimo, intervenção armada [*coup de force*], etc. são algumas das representações mais correntes que recebemos sobre o golpe do Estado. E não faria sentido, hoje, ir contra essa acepção, ir contra tal imagem e representação do golpe de Estado.

Mas, se é assim, a questão que se coloca uma vez mais é saber por que retornamos a tal conceito. Ao nos referirmos ao golpe de Estado, podemos dizer (ou querermos dizer) que é parte do passado, que é uma relíquia do passado; mas, com efeito, ele não estaria, na atualidade, ancorado no cerne da prática governamental? Não seria possível dizer que a prática governamental contemporânea se baseia numa modalidade permanente de golpe de Estado? Referir-se à noção de golpe de Estado não poderia significar que estamos interpretando a economia geral do poder nas nossas sociedades como se elas estivessem em vias de se encaminhar, cada vez mais, em direção a práticas de exceção? Falar de golpe de Estado, na atualidade, não seria uma maneira de afirmar que os mecanismos de funcionamento do poder se apoiam em medidas de exceção e que, consequentemente, a exceção é o paradigma para se interpretar a nossa modernidade? Esta seria uma interpretação plausível, pois o golpe de Estado, hoje, tem uma significação restrita, advinda das revoluções no fim dos séculos XVIII e XIX: indica a ação violenta pela qual um indivíduo ou um grupo toma o poder, ou indica medidas pelas quais um governo modifica, violentamente e fora das leis, a constituição (tal como o golpe de Estado de 18 de Brumário, ou o de 2 de dezembro de 1851 ou o de Carlos X em 1830). Mas se nós nos referirmos à significação que tinha no século XVII, vemos que a expressão designa nesta época outra coisa. Se a retomarmos, na atualidade, em nossas análises, talvez tenhamos uma experiência de aprendizado bastante rica. É por essa razão que eu gostaria de me ater, neste momento, à análise do golpe de Estado no século XVII, procurando esboçá-lo, ainda que um pouco esquematicamente, para ser breve e claro.

No século XVII, denomina-se golpe de Estado a ação que decide algo importante para o bem do Estado e do príncipe, ato extraordinário ao qual um governo recorre quando concebe que é para a sobrevivência do Estado. Ação decisiva, extrema, violenta, pela qual não somente o príncipe resolve e conduz a uma solução e resultado definitivo o que está em jogo na situação e num contexto particular, mas também (daí o extraordinário sentido do golpe de Estado) leva seu ato até os "limites" de seu poder: por isso sua violência, o que introduz a questão fundamental de sua justificativa e legitimidade. O golpe de Estado do príncipe é o poder do Estado que de alguma maneira regride até a violência originária de sua fundação, e a seu fundamento de força. O golpe de Estado revela, no próprio momento de sua manifestação, o fundamento do poder, que "é o apocalipse na sua origem" (MARIN, 2004, p. 10).

O golpe de Estado seria uma intervenção armada [*coup de force*], um ataque surpresa [*coup de main*], uma suspensão das leis. Poderia ser chamado de uma força da lei fora da lei? Dimensão originária do político? O problema consiste em compreender o papel que o golpe de Estado joga nas artes de governar. Quando falamos de golpe de Estado como um ato extraordinário, falamos de uma situação que é um estado de exceção. Estas são questões levantadas, mesmo que a partir de perspectivas diferentes, por Giorgio Agamben e Carl Schmitt, quando se interrogam, por exemplo, sobre a relação entre o estado de exceção e a soberania. Eu voltarei mais adiante a essas questões.

Durante o Antigo Regime o golpe de Estado não foi interpretado como uma insurreição, uma desordem que irrompe no funcionamento "normal" do Estado. Ao contrário, o golpe de Estado, no século XVII, é uma reação à desordem. São necessidades que exigem o recurso ao golpe de Estado. O estado de exceção e o golpe de Estado se baseiam, portanto, no conceito de "necessidade". *Necessitas legem non habet*.[3] Quando se levanta a questão da necessidade, entra em jogo, imediatamente, a teoria da exceção. A necessidade funda a exigência da derrogação. A necessidade se faz de modo que o caso singular seja subtraído da regra e da observação da regra. Na doutrina medieval, a necessidade não era a fonte da lei, e também não era a suspensão da lei; a necessidade tinha por função subtrair o caso singular da aplicação da norma. É com os modernos que o estado de necessidade será integrado à ordem jurídica, para tornar-se assim a fonte e o fundamento da lei. O estado de exceção é uma figura da necessidade, torna-se, desta maneira, uma medida ilegal e, entretanto, jurídica e constitucional, na medida em que torna possível a produção de um novo regime constitucional, a produção de novas normas. Na época moderna, por exemplo, o direito à revolução é reconhecido; o direito à revolução é um caso do estado de exceção, na medida em que pressupõe a suspensão do funcionamento normal do direito para instaurar uma nova ordem. O *status necessitatis* se apresenta na forma da revolução e do estado de sítio.

Mas um dos maiores problemas que a questão do estado de necessidade levanta diz respeito à própria natureza da necessidade. De que maneira se pode considerar a necessidade? Ela é uma situação objetiva, um fato, uma realidade? Ou

---

[3] A necessidade não tem lei. Sobre esse aspecto, ver Senellart (1989), em particular as seções sobre a análise de *Policraticus* de Jean de Salisbury. Cf. também Stolleis (1990) e Vatter (2008, p. 239-271).

implica um juízo e avaliação subjetiva? É um dado objetivo, ou melhor, deve ser considerada como necessária e excepcional toda situação declarada como tal? É evidente que se aceitamos a ideia segundo a qual a necessidade implica uma avaliação subjetiva, imediatamente se é confrontado com um problema mais importante que é o da decisão. Soberano – diz Carl Schmitt (1988, p. 15), é aquele que decide o estado de exceção, isto é, aquele que decide sua necessidade. É a decisão que permite o reconhecimento da necessidade; é tarefa da decisão proclamar o estado de necessidade. O estado de exceção coincide com o poder constituinte, como mostra Schmitt. Schmitt discute o estado de exceção na forma da ditadura. O problema que ele se põe é o da inscrição do estado de exceção no contexto jurídico. Como o estado de exceção pode se articular com a ordem jurídica, se o que deve ser inscrito no direito é essencialmente exterior ao direito? Eis um dos problemas levantado pela análise de Schmitt. Em outros termos: de que maneira se pode inscrever um de-fora no direito? Schmitt faz referência à distinção entre as normas do direito e as normas de atuação do direito, assim como à distinção entre poder constituinte e poder constituído. O poder constituinte não é uma pura e simples questão de força, mas estabelece com o poder constituído um tal vínculo que aparenta ser um poder fundador. Se o poder constituinte é o que permite a inscrição do estado de exceção na ordem jurídica, na *Teologia política*, Schmitt examina, por outro lado, outro operador, a saber, a relação entre norma e decisão. É a decisão que permite tal inscrição.[4]

---

[4] Para uma discussão do conceito de exceção na obra de Schmitt, que também leva em consideração, ao mesmo tempo, a noção de razão de Estado no século XVI, e, em particular, a obra de Naudé (1975, p. 141-164), ver Julien Freund 'La situation exceptionnelle comme justification de la raison d'état chez Gabreil Naudé', in Staatsräson: Studien zur Geschichte eines politischen Begriffs, Berlin: Dunker &

Mas se Schmitt tenta inscrever, por um lado, o estado de exceção no contexto jurídico recorrendo à divisão entre normas de direito e atuação de normas de direito, ou, ainda, à distinção entre poder constituinte e poder constituído, ou ainda entre norma e decisão, a questão não é tão simples e não pode ser facilmente resolvida. Pois, como sublinhou Giorgio Agamben (2003, cap. 1), o estado de exceção é um espaço esvaziado de direito; o estado de exceção é uma zona ambígua na qual toda determinação jurídica está desativada. O significa que nem a teoria schmittiana, que visa estabelecer uma relação entre ordem jurídica e estado de exceção, nem a teoria da necessidade, que faz do estado de exceção a fonte jurídica originária, podem dar conta plenamente da natureza do estado de exceção. O estado de exceção, como o estado de necessidade, não é um estado de direito, nem é um estado de natureza: é um espaço sem direito, é um não lugar, no qual a força de lei está suspensa; mas tal suspensão não quer dizer que a lei simplesmente não exista; antes disso, quer dizer sobretudo que ela se torna eficaz na sua revogação ou na sua suspensão. É a força de lei que se separa da lei em vigor. É como se no estado de exceção existisse a questão de um vazio jurídico portador da força.

Essas considerações nos permitem deslocar nossa análise, posteriormente, levando em conta uma perspectiva diferente sobre a questão, com a esboçada por Walter Benjamim no seu artigo "Por uma crítica da violência". Benjamim (1965) tenta assegurar à violência um lugar afora e além do direito. O que isto quer dizer? Quer dizer que ele tenta romper o

---

Humblot, 1075, p. 141-164. Ver também Y.C. Zarka, 'Raison d'État, maximes d'État e coups d'État chez Gabriel Naudé', in ID, *Raison et déraison d'ètat*, Paris: PUF, 1994, p. 152-169. Ainda sobre o tema, ver também o prefácio de Etienne Balibar para a tradução francesa do texto de Schmitt, *Le Léviathan dans la doctrine de état de Thomas Hobbes: Sens et échec d'un symbole politique*, Paris: Seuil, 2002.

liame ou a dialética entre a violência que impõe o direito e a violência que a conserva, que a preserva. Benjamim faz referência, por um lado, à violência pura e divina e, por outro lado, na esfera humana, à violência revolucionária. O que o direito não pode tolerar, de modo algum, é o que ele enxerga como ameaça, que ela não poderia solucionar, ou seja, a existência de uma violência fora do direito; tal violência que não pode ser reabsorvida no direito. Não porque exista uma incompatibilidade, mas porque se trata de uma violência fora do direito. Trata-se, nesse caso, de uma violência que não impõe o direito, mas que o *depõe*; trata-se de uma violência que não conserva o direito, mas que o *destitui*. Se Schmitt tenta reconduzir a violência a um contexto jurídico, Benjamim tenta assegurar à violência uma existência pura. Para Schmitt, não pode existir tal violência pura, uma violência que se situa fora do direito. O estado de exceção é o meio que Schmitt inventa para incluir a violência no direito sem exclusão. À questão de uma violência pura, Schmitt responde mediante a elaboração de uma teoria da soberania que gira em torno da violência soberana, ou seja, a soberania como lugar da decisão extrema, como lugar da violência extrema. E essa soberania é situada por Schmitt no limite, é um conceito-limite (*Grenzbegriff*). E, já que estamos evocando termos alemães, acrescentemos que a relação entre *Macht* [poder, potência, força] e *Vermögen* [capacidade, recurso] é exatamente o que Benjamim vai desligar, por relação ao esquema schmittiano. Pois se o soberano é, por um lado, para Schmitt, aquele que decide o estado de exceção, Benjamin (1965), por sua vez, introduz a questão da *indecisão soberana*, ou seja, o fato de que o soberano não pode decidir (que é diferente do fato de que o soberano não possa decidir): entre o poder e o exercício do poder, Benjamim inscreve um hiato, hiato que decisão alguma pode preencher. Então, em vez de nos encontrarmos perante o *milagre* da decisão soberana, no momento em que a crise se resolve, e que vai constituir uma nova ordem jurídica, nós nos encontraremos diante da *catástrofe*.

A insistência de Benjamim quanto à violência pura, que é o nome que ele escolheu para indicar a ação humana que não impõe nem preserva o direito, mas que o *depõe*, não é uma figura originária do agir humano. Seria um equívoco imaginar uma violência pura, situada além e fora do direito, e que num determinado momento seria capturada pelo direito. A violência pura da qual Benjamim fala não é um estado originário; é a aposta do conflito no estado de exceção; o que o estado de exceção produz; o que se produz no jogo jogado pelo estado de exceção. É como se disséssemos que o jogo se joga pelo jogo; ou seja, o jogo que produz o jogo, jogando, jogando. Por outro lado, quando Benjamim emprega o termo *reine Gewalt* (violência pura), o que ele entende por pura? "Puro" não remete a uma pureza que existe em algum lugar e deve ser preservada; não se trata de uma pureza em si, pureza incondicional e absoluta, de uma pureza que se refere a ela própria, isto é, a seu ser; pelo contrário, o conceito se inscreve inteiramente numa dimensão relacional e não substancial. A violência pura, para diferenciá-la da violência jurídica, se dá em relação a algo externo. É nessa relação que se constitui a violência pura, da mesma maneira – pode-se dizer – que a vida nua, no livro *Homo sacer*, de Agamben, surge como um produto do sistema, um produto de relações de poder, e não como alguma coisa que preexiste ao sistema e às relações de poder.[5]

Todavia, voltemos à questão do golpe de Estado. Se o golpe de Estado no século XVII era levado em boa consideração, uma vez que é interpretado como uma reação contra

---

[5] Eu me permito remeter a meu artigo "Il potere sovrano e la nuda vita", in *Paradigme*, XIV, n. 41, 1996, p. 421-430, para a análise do princípio schmitiano de Ausnahmezustand e para uma comparação com as teses levantadas por Agamben em seu livro *Homo sacer*. *Il potere sovrano e la nuda vita*, Einaudi, Torino 1995.

o perigo, como uma tentativa de restaurar a ordem, como um ato de majestade, ele vai progressivamente perder essa auréola que o envolve nas décadas precedentes e posteriores à Revolução Francesa. A noção de golpe de Estado perde gradualmente seu significado de ato extraordinário, de ato legítimo e de ato necessário para ser qualificada, finalmente, como um ato ilegítimo, um ato terrível. Por outro lado, é a revolução que vai receber um significado positivo (ou, a bem dizer, certas formas de revolução).

A Revolução Francesa desempenha um papel crucial nesta passagem, porque ela simboliza o ponto de mutação: por um lado, ela representa a continuidade, já que, no interior da revolução, o golpe de Estado ainda é considerado um produto necessário da transformação (ele permite a transformação); contudo, por outro lado, a Revolução Francesa é o momento de ruptura com a concepção clássica do golpe de Estado, pois este passa a significar o ato que muda os governantes e o soberano. Se, no século XVII, o golpe de Estado era a ação do príncipe tentando resguardar seu poder, durante a Revolução Francesa e depois dela passa a significar o ato que muda os governantes e o soberano, o ato que decepa a cabeça do rei, o ato que introduz uma ruptura e descontinuidade no exercício do poder. Desse ponto de vista, golpe de Estado e revolução têm muitos pontos em comum, compartilhando diversos aspectos. Eles questionam, põem em discussão a ordem constitucional e jurídica.

No entanto, se a revolução põe em questão essa ordem agindo *de baixo,* o golpe de Estado age *do alto*: ou seja, se a revolução é uma questão das massas, ou do povo, o golpe de Estado é uma operação dos governantes, dos aparelhos de Estado, etc.[6]

---

[6] Há uma discussão fascinante desses temas no estudo de Jens Bartelson (1997).Ver também Patrice Gueniffey (2000).

É evidente que os contornos que separam a revolução do golpe de Estado não são tão facilmente traçáveis. Pode-se dizer que um golpe de Estado é uma ação realizada pelos aparelhos de Estado, enquanto a revolução é um ato que vem do exterior (do povo, da multidão, das massas). Pode-se ressaltar o fato de que o golpe de Estado não tem repercussões na dimensão social; ou, dizendo de outra maneira, que ele não visa à mudança da estrutura social, e não é nada mais do que uma transformação de forma de governo. Esse aspecto continua sendo quase o mesmo na época Clássica e na época Moderna.

Ao contrário, uma revolução é o produto da ação das pessoas que não querem mais ser governadas *daquela maneira*. A influência de uma revolução é maior, mais marcante; ela tem efeitos de longa duração, produto de modificações não somente do governo, mas também da estrutura social.

Todavia, mesmo se essas diferenças fossem importantes, não podemos ignorar o fato de que uma linha de demarcação rigorosa entre o golpe de Estado e a revolução não é possível. Certamente, há diferenças que dizem respeito ao lugar, ao impacto, à duração. Poderíamos afirmar também que o que caracteriza um golpe de Estado é seu impacto, sua velocidade. Mas um golpe de Estado necessita também, uma vez que ele tenha sido realizado, de um prazo, de um tempo para que ele adquira sua legitimidade. É a questão de sua encenação, de sua teatralização que reaparece. A dimensão de sua encenação, de sua representação, é um ponto importante da discussão.

Na época Moderna, o golpe de Estado ganhou um significado de ato ilegítimo, enquanto que a revolução tem um papel diferente. O golpe de estado é uma ruptura, uma infração da ordem constitucional. Tal significação adquirida pelo golpe de Estado depois da Revolução Francesa não podia ter lugar, de maneira alguma, no século XVII. O contexto era completamente diferente, em muitos aspectos. A natureza da soberania era totalmente diferente e não permitia que se pudesse falar de ruptura constitucional, ou de quebra das leis. O rei não podia quebrar a ordem das leis, a ordem constitucional, já que ele ocupava toda a cena da soberania. Sua ação, sua soberania, não era de forma alguma limitada pelas leis. Sua autoridade era ilimitada. E, além disso, quando o rei utiliza a sua autoridade, toda ação que vem dele recebe boa consideração. O que o rei faz é justo e correto. O que o povo teme é, sobretudo, o fato de que o rei possa dar ouvidos a maus conselheiros, mas o que vem do rei não pode ser posto em questão. Um golpe de Estado, tal qual compreendemos hoje, não podia ter lugar no século XVII, pois o rei, por definição, não podia romper a ordem constitucional. Eis a razão pela qual as referências ao golpe de Estado que encontramos no século XVII são à grande política, aos atos de majestade; o que não é transgressão da lei, mas realização da ordem natural. O golpe de Estado é parte das artes de governar. É um dos elementos das artes de governar. "Deixe-nos suspender o direito comum para a sobrevivência do Estado".

As questões levantadas por Gabriel Naudé se inscrevem nesse contexto. O golpe de Estado mostra a base sobre a qual repousa o poder político; dizendo de outra maneira, o poder político repousa na exceção da regra. A passagem à concepção do golpe de Estado como um ato ilegítimo se inicia com John Locke (2007, §197, 226-227) e a discussão que ele inaugura sobre a usurpação e a rebelião. Para Locke, a usurpação é a mudança do príncipe ou do governo sem que haja transformação do poder legislativo. A rebelião põe em xeque o poder legislativo. É com estas definições que se abre o caminho para uma concepção da subversão e da ilegitimidade. A partir de Locke, portanto, o golpe de Estado vai passar a ter o signo de um ato ilegítimo. Porém, antes que esse processo se realizasse, a concepção do golpe de Estado gravitava por completo na dimensão dos atos políticos legítimos e necessários. À época de Naudé, o golpe de Estado é considerado um ato legítimo e necessário, uma vez que ele nada mais é que a razão de Estado. Eis o motivo pelo qual ele é inclusive visto como um elemento importante para a constituição do Estado. O que é interessante em Naudé, por exemplo, é a ideia de que o Estado não recebe nenhum fundamento no *jus naturalis* ou na sociabilidade humana: o Estado é resultado ou invenção do príncipe, que o constitui recorrendo a mitos, a golpes de Estado. Gabriel Naudé descreve os golpes de Estado como ações extremas, decisivas, violentas, nas quais o que está em questão para o príncipe é conduzir bem certa situação, salvar o Estado, sair de um problema urgente. Naudé é uma das expressões mais evidentes do maquiavelismo radical dessa época. O que é interessante em sua análise é o fato de mostrar a continuidade entre golpe de Estado e razão de Estado; o golpe de Estado não sendo a suspensão da lógica da razão de Estado, mas, sobretudo, sua execução, sua realização.[7]

Não vou entrar nos detalhes dessa obra. Importa ressaltar que esse livro foi esquecido nos séculos XVIII e XIX. Na época da Revolução Francesa, o golpe de Estado, que Naudé estudava, soaria perfeitamente arcaico.

Naudé, discípulo de Charron, vai reaparecer no campo da ciência e da teoria política contemporânea como referência essencial para o estudo da história do poder de Estado e do aparecimento do absolutismo. O autor estuda os processos do poder de Estado, os mecanismos de sua legitimação pela opinião pública, os dispositivos de sua efetividade concreta. O que faz com que sua obra seja, hoje, insubstituível.[8]

---

[7] Cf. Etienne Thuau (2000). Ver também Emmanuel Le Roy Ladurie (1985) e Roland Mousnier (1953, especialmente o livro 2, p. 161-368).

[8] Para situar a obra de Naudé em seu tempo, ver também a obra de René Pintard (1983, p. 156-178; 245-270; p. 442-476; p. 539-575); Yves Zarka (1994, p. 152-169); Sainte-Beuve (1854, t. II; também em Naudé, 1988).

Como foi ressaltado no início deste texto, Foucault consagra três páginas de seu curso no Collège de France, de 1978, ao exame das *Considérations politiques sur les coups d'états* (Considerações políticas sobre os golpes de Estados) de Naudé. A análise de Foucault é importante sob múltiplas perspectivas. Ele mostra a bifurcação feita pela razão governamental na época Clássica. No fim do século XVII, formam-se duas vias, no interior da razão governamental: por um lado, uma política sobre o poderio, ou o que se chama classicamente de absolutismo; e, por outro lado, um discurso econômico, que se desenvolve no interior da dimensão política. Friedrich Meinecke, autor alemão que consagrou uma obra fundamental à questão da razão de Estado no início dos anos 1920, analisa, em sua obra, o caminho da política de poderio, percurso que ele esboça fazer a partir de Maquiavel, com base na experiência do absolutismo e do despotismo de Napoleão. Essa obra capital, que articulou caminhos importantes no pensamento do século XX, constitui, sem dúvida, um dos alvos possíveis da crítica foucaultiana.

Com efeito, por meio de suas pesquisas, Foucault inaugura uma perspectiva nova, na qual se questiona uma razão governamental, que ganha toda sua amplitude em contato com o debate italiano acerca da razão de Estado. Foucault mostra de que modo autores como Giovanni Botero ou Antonio Palazzo se ocupam em deslocar completamente o debate em torno da razão de Estado, na medida em que ele não é mais posto em termos éticos e morais, mas em termos econômicos. No fim do século XVI, Botero (1997) desenvolve em sua obra *Della Ragion di Stato* uma forma de antimaquiavelismo, que abre uma nova direção na modernidade. Botero não compartilha das críticas que seus contemporâneos dirigem a Maquiavel. Suas críticas a Maquiavel são de outra natureza e não estão vinculadas à distinção e à polêmica no que se refere à relação entre política e ética. A particularidade de sua análise consiste no fato de que ele não critica a obra de Maquiavel apoiado em princípios morais ou éticos. Botero critica Maquiavel não porque o florentino eliminou a dimensão ética ou moral da política, mas porque deixou de levantar a verdadeira questão, ou seja, a questão que se refere à satisfação das necessidades. Segundo Botero, em Maquiavel, não há questões quanto ao nível econômico, isto é, não há uma verdadeira análise das artes de governar e dos conhecimentos necessários para governar um Estado. O caminho que Botero abre, portanto, é o que vai em direção do surgimento de uma discussão de tipo "econômica", discussão que gira em torno de um saber e de uma prática política que vai se impor a partir do século XVIII e, posteriormente, no século XIX. O Estado, então, vai se organizar em torno do par liberalismo-concorrência, porque é exatamente essa passagem ao econômico que permitirá a constituição, o surgimento do pensamento liberal moderno. Porém, é importante ressaltar que a passagem, o nascimento da economia, se faz no interior de uma reflexão sobre a política, nunca contra ela.[9]

Desse modo, Botero abre uma nova via no debate sobre a razão de Estado, uma vez que ele o desloca do campo ético para o campo econômico. Sua obra testemunha o surgimento de uma arte de governar centrada no bem comum. O discurso de Botero não contribui unicamente para se definir uma forma diferente de antimaquiavelismo, mas delineia a via para o surgimento da economia como forma de racionalidade política. Seu projeto tende a maximizar e racionalizar as técnicas e formas de governo. À experiência violenta e incerta do absolutismo francês e monárquico, Botero contrapõe um projeto diferente, que se apoia na ideia

---

[9] Cf. F. Chabod (1971, XIII, p. 352-362); Romain Descendre (2003/3, n. 39, p. 311-321). Sobre esses temas, ver também Christian Lazzeri e Dominique Reynié (1992). Cf. também Pocock (1975, p. 160 ss).

da prudência política da razão do Estado. Segundo Botero, a razão do Estado é razão de interesse. O cimento da disciplina política e da obediência reside na defesa dos interesses particulares. A partir das teorias mercantilistas, Botero desenha um percurso que levará ao surgimento da economia como discurso político de autorregulamentação e autolimitação da razão governamental. O surgimento da economia política faz par com a formação do liberalismo moderno. A referência a Botero, portanto, tem por função definir o nascimento da economia no cerne dos debates em torno da razão de Estado. É no interior dessa dimensão econômica que a questão da biopolítica vai aparecer. Foucault mostra que a biopolítica está, desse modo, intimamente ligada ao nascimento das tecnologias governamentais liberais e neoliberais. A biopolítica tem seu quadro de referência situado no interior do desenvolvimento do liberalismo. Todavia, é no interior dessa tecnologia governamental que as crises também irrompem, pois o paradoxo que Foucault traz é que o liberalismo, como prática governamental, repousa na tentativa de *produzir*, de *criar* a liberdade como pressuposto de sua existência, mas, para fazer isto, ele necessita devorar as liberdades. Aprisionado nessa contradição, ele [o liberalismo] dá lugar a crises constantes de governamentalidade.

As leis de exceção parecem ditadas pelas crises. Elas são produto de períodos de crise política. Ressaltei que o golpe de Estado não põe em causa a ordem estatal. Ele visa, antes disso, reforçar, constituir a máquina estatal, quando ela acaba de ser sacudida, abalada por ameaças e por perigos. O golpe de Estado advém como medida da razão de Estado. Entretanto, se o golpe de Estado é uma medida política que suspende o funcionamento jurídico do Estado, ele se situa numa zona cinzenta bastante particular, pois é uma medida que, supostamente, reforça o Estado de direito ou a legislação jurídica, ao suspender o funcionamento normal da lei. Somos levados a dizer que o golpe de Estado, no século XVII, podia ser interpretado como o próprio motor do desenvolvimento político, na medida em que ele é o mecanismo que está no alicerce da expansão do funcionamento da máquina estatal: ele visa integrar a vida ao mecanismo de poder. Trata-se de um mecanismo biopolítico, se entendemos por biopolítica o mecanismo que tende a incluir os seres vivos da política. Se o estado de exceção, nas suas diferentes formas, é uma maneira de integrar a vida na política, então podemos dizer que ele é parte das técnicas de governo. O estado de exceção é uma técnica de governo, em vez de ser um momento de suspenção da atividade governamental. Ele se situa numa zona de indiferença, na qual não é mais possível distinguir o dentro e o fora, o interior e o exterior, já que interior e exterior estão imbricados um no outro.

Referências

AGAMBEN, G. *Homo sacer*: il potere sovrano e la nuda vita. Torino: Einaudi, 1995.

AGAMBEN, G. *État d'exception*. Paris: Seuil, 2003.

BARTELSON, J. Making Exceptions. Some Remarks on the Concept of Coup d'état and its History. *Political Theory*, v. 25, n. 3, p. 323-346, 1997.

BENJAMIM, W. *Zur Kritk der Gewald und andere Aufsätze*. Frankfurt am Main: Suhkamp, 1965.

BOTERO, G. *Della Ragion di Stato*. Roma: Donzelli, 1997.

BOUTIN, C.; ROUVILLOIS, F. (Dir.). *Le Coup d'état*: recours à la force ou dernier mot du politique? Acte du colloque organisé par le Centre d'études Normand sur la Théorie et la Régulation de l'état, F.-X. de Guibert, Paris, 2007.

CHABOD, F. Giovanni Botero. In: CHABOD, F. *Studi sul Rinascimento*, Torino, 1967

CHABOD, F. Botero, Giovanni. In: DIZIONARIO BIOGRAFICO DEGLI ITALIANI. Roma: Treccani, 1971. v. 13. p. 352-362.

DESCENDRE, R. Raison d'Etat, puissance et économie. Le mercantilisme de Giovanni Botero. *Revue de Métaphysique et de Morale*, v. 3, n. 39, p. 311-321, 2003.

FREUND, J. La situation exceptionnelle comme justification de la raison d'Etat chez Gabriel Naudé. *Staatsräson: Studien zur Geschichte eines politischen Begriffs*. Berlin: Dunker & Humblot, 1975. p. 141-164.

FOUCAULT, M. *Sécurité, territoire population*. Paris: Gallimard/Seuil, 2004

GUENIFFEY, P. *La politique de la Terreur*: essai sur la violence révolutionnaire 1789-1794. Paris: Gallimard, 2000.

GUILLOT, P. Ch.-A. Coups d'état et médias: l'exemple des pays post-communistes. In: BOUTIN, C.; ROUVILLOIS, F. (Dir.). *Le Coup d'état*: recours à la force ou dernier mot du politique? Acte du colloque organisé par le Centre d'études Normand sur la Théorie et la Régulation de l'état, F.-X. de Guibert, Paris, 2007. p. 215-241.

HAROUEL, J.-L. Des coups d'état sous l'ancien régime. BOUTIN, C.; ROUVILLOIS, F. (Dir.). *Le Coup d'état*: recours à la force ou dernier mot du politique? Acte du colloque organisé par le Centre d'études Normand sur la Théorie et la Régulation de l'état, F.-X. de Guibert, Paris, 2007. p. 26-36.

LAZZERI, C.; REYNIÉ, D. *Le pouvoir de la raison d'Etat*. Paris: PUF, 1992.

LAZZERI, C.; REYNIÉ, D. *La raison d'Etat: politique et rationalité*. Paris: PUF, 1992.

LE ROY LADURIE, E. Réflexions sur l'essence et le fonctionnement de la monarchie classique (XVIe-XVIIe siècles). In: MECHOULAN, H. (Ed.). *L'État Baroque*: regards sur la pensée politique de la France du premier XVIIe siècle. Paris: Vrin, 1985. p. IX-XXXV.

LOCKE, J. *Le deuxième traité du gouvernement*. Paris: PUF, 2007.

MARIN, L. *Le portrait du roi*. Paris: Les Editions de Minuit, 1981.

MARIN, L. *Pour une théorie baroque de l'action politique*. In: NAUDÉ, G. *Considérations politiques sur les coups d'états*. Paris: Les Editions de Paris, 1988.

MARIN, L. Les pouvoirs et ses représentations. In: CANTILLON, A. et al. (Ed.). *Politiques de la représentation*. Paris: Kimé, 2005.

MOUSNIER, R. *Les XVIe et XVIIe siècles*. Paris: PUF, 1953. v. 2.

NAUDÉ, G. *Considérations politiques sur les coups d'états*. Paris: Les Editions de Paris, 1988.

NIGRO, R. Il potere sovrano e la nuda vita. In: *Paradigme*, XIV, n. 41, 1966, p. 421-430.

PINTARD, R. *Le libertinage érudit dans la première moitié du XVII siècle*. Genève-Paris: Slatkine, 1983.

POCOCK, J. G. A. *The Machiavellian Moment*: Florentine Political Thought and the Atlantic Tradition. Princeton: Princeton University Press, 1975.

REINACH, T. *De l'état de siège*: étude historique et juridique. Paris: Pichon, 1885.

SAINTE-BEUVE. *Portraits littéraires*. Paris: Didier, 1854. t. II.

SCHMITT, C. *Théologie politique*. Paris: Gallimard, 1988.

SCHMITT, C. *Le Léviathan dans la doctrine de l'état de Thomas Hobbes*: sens et échec d'un symbole politique. Paris: Seuil, 2002.

SENELLART. *Machiavélisme et raison d'État*. Paris: PUF, 1989.

STOLLEIS, M. *Staat und Staatsräson in der frühen Neuzeit*. Frankfurt am Main: Suhrkamp Verlag, 1990.

THUAU, E. *Raison d'état et pensée politique à l'époque de Richelieu*. Paris: Albin Michel, 2000.

VATTER, M. The Idea of Public Reason and the Reason of State. Schmitt and Rawls on the Political. Political Theory, v. 36, n. 2, 239-271, 2008.

ZARKA, Y. C. Raison d'État, maximes d'État et coups d'État chez Gabriel Naudé. In: ZARKA, Y. C. *Raison et déraison d'État*. Paris: PUF, 1994. p. 152-169.

Mas por que nos aterrorizam, senhores?
A emergência de um novo terrorismo de Estado

André Barata

Terror e terrorismo de Estado

O Terror de 1793 a 1794 e a expressão "terrorismo" – que começou por designar aquele período histórico – pouco tiveram de comum desde então, além de essa inicial correferência, no entanto, precocemente desfeita.

A tentativa de transformação de uma sociedade, por mais contestável que fosse, por meio do terror, resultava de um movimento que se pretendia fundamentalmente refundador. O terror na Revolução Francesa era a violência que, caso não se exercesse, jamais chegaria a fundo suficiente, de acordo com os jacobinos, para cortar a raiz morta do Antigo Regime. É um movimento refundador, portanto, que vem do cerne da vontade política e espalha em redor um impulso destruidor, excêntrico e centrífugo, com vista a cobrir toda a superfície do território e os vazios da sociedade. Se também se chamou "terrorismo" a esse terror, hoje, porém, e apesar da multiplicidade de aproximações que lhe são feitas, é certo que as manifestações do terrorismo tiveram uma direção e um sentido historicamente opostos aos do terror jacobino. Foi sempre de fora, estrangeiro, ou como se o fosse, que chegou a violência do terrorismo, seja no caso mais óbvio do terrorismo internacional, seja também na forma como os terrorismos nacionais foram percebidos pelos poderes públicos como ameaças externas. E essa violência não chega como se invadisse e conquistasse nações, mas como se as golpeasse e as deixasse mal, humilhadas, por meio de um impulso concêntrico e centrípeto, feito de alvos visados com precisão e abatidos sem perdão. O terrorismo quer humilhar o poder das nações aterrorizando as suas sociedades, como quem quer fazer a demonstração pública do erro dos poderes que governam essas nações. Não as quer refundar como o Terror; procura derrotar o falso, como um executor que visa ao todo da sociedade, abatendo-se sobre civis, mesmo cidadãos indiferenciados e, por essa razão, representativos de um alvo maior, a sociedade toda aterrorizada; enfim, não procura, como pretendeu o Terror, fazer vingar a verdade, mas demonstrar o erro e a falsidade.

Num pequeno livro intitulado *Terrorism – A very short introduction* (2002), publicado no ano subsequente ao 11 de Setembro, do historiador britânico Charles Townshend, é formulada o que pode ser considerado uma definição operativa de terrorismo: "o uso ou a ameaça de violência calculados para incutir medo, com a intenção de coagir ou de intimidar governos ou sociedades" (TOWNSHEND, 2002, p. 9). Não diferindo muito desse entendimento sobre o terrorismo, mas com uma orientação muito clara de criminalização do terrorismo, encontra-se uma formulação das Nações Unidas, numa resolução aprovada em 1994 na sua Assembleia Geral sobre medidas para eliminar o terrorismo internacional (A/RES/49/60). De acordo com essa resolução, o terrorismo consiste em

> [...] atos criminosos pretendidos ou calculados para provocar um estado de terror na população em geral, num grupo de pessoas ou em pessoas em particular, com propósitos políticos são, em qualquer circunstância, injustificáveis, independentemente das considerações de ordem política, filosófica, ideológica, racial, étnica, religiosa ou de qualquer outra natureza que possam ser invocados

para justificá-los (<http://www.un.org/Docs/journal/asp/ws.asp?m=A/RES/49/60>).

Esse entendimento que criminaliza inequivocamente os atos de terrorismo coloca-os logo fora do quadro da lei, mais precisamente na medida em que lhes prescreve um quadro legal. A operatividade dessa criminalização efetiva-se em se agir contra o terrorismo pelo fato de consistir, nos termos da lei, em uma atividade criminosa; mas, ao mesmo tempo, a mesma prescrição revela que se criminaliza o terrorismo por ser combatido e para ser combatido como ameaça política e, com esse propósito, a sua criminalização visa dotar os governos de melhores meios para vencer esse combate. De uma forma ou de outra, tal como acontece com a criminalidade violenta, o lugar do terrorismo só pode ser a sombra, a marginalidade, os mesmos lugares do *hors-la-loi*.

Por mais violento que seja, não é a violência do ato terrorista por si mesma, nem sequer o tipo de violência que mais frequentemente nele ocorre, que lhe determina a ilegitimidade. Em todos os seus graus ou qualidades, pelo menos é concebível, quando não historicamente atestável, o próprio Estado legitimar-se violência equivalente, no exercício weberiano do seu monopólio da violência legítima. O essencial do repúdio ao terrorismo reside, pois, não na sua violência, mas na ameaça que traz ao monopólio estatal da violência legítima e, portanto, na ameaça que traz ao próprio Estado, ao seu princípio de existência. Por isso, a intenção criminosa do terrorismo contemporâneo visaria menos às instituições de um Estado do que a própria instituição de um Estado, fundamentalmente errado e inaceitável à luz de princípios morais, religiosos, culturais, ou outros, defendidos pelos terroristas. A reação do Estado de direito teria sempre de passar por expulsar o terrorismo da esfera do Direito e nela codificar, na forma de crime, os meios para a sua proscrição.

A violência governamental tem um momento histórico particularmente consciente do seu significado no Terror, que visou justificá-la revolucionariamente. O uso ou a ameaça de uso da violência como forma de incutir o medo, as ações levadas a cabo com o propósito de desencadear o pânico e o terror na sociedade não terão, com efeito, sido ilegítimos aos olhos do poder jacobino no período do Terror. São célebres as passagens de Robespierre, no auge do Terror, argumentando pela legitimidade específica que cabe aos governos revolucionários, para cumprirem o seu desígnio refundador:

> O objetivo do governo constitucional é conservar a República, o do governo revolucionário é fundá-la. [...] O governo revolucionário precisa de uma atividade extraordinária, precisamente porque está em guerra. Ele é forçado a empregar constantemente recursos novos e rápidos para os novos e prementes perigos. [...] Sob o regime constitucional, basta proteger os indivíduos contra o abuso do poder público; sob o regime revolucionário, o próprio poder público é obrigado a defender-se das facções que o atacam. O governo revolucionário deve aos bons cidadãos toda a proteção nacional; aos inimigos do povo apenas deve a morte (ROBESPIERRE, *Rapport du 25 décembre 1793*).

Com o terrorismo contemporâneo por princípio lançado ao subterrâneo da criminalidade, torna-se difícil conceber a possibilidade de um terrorismo de Estado, dada a implicação aparente de que agindo pelo terrorismo o Estado agiria contra si próprio, a sua lei, a sua espada. Em princípio, o Estado não age por meios criminosos; se assim o faz, utiliza necessariamente os mesmos caminhos subterrâneos que caracterizam o mundo do crime. Mais decisivamente ainda: que sentido faria o Estado, que dispõe do monopólio da violência legítima, assumir para si mesmo, admitindo-se o terrorismo, a perda desse monopólio? Por que razão fazê-lo disfarçadamente, pela calada, de forma pouco digna, se, em última análise, pode legitimar-se a mesma violência pela instituição do terror como meio de governo? Há, porém, razões para fazê-lo e, além disso, razões que não deixam o Estado numa posição de autocontradição manifesta. A autolegitimação do poder de aterrorizar no quadro de um governo de Terror pressuporia, como vimos Robespierre circunscrever, uma distinção entre dois tipos de governo: por um lado, um governo constitucional, que visa conservar a república, defendido no respaldo de uma lei fundamental capaz de travar as tiranias; e, por outro, o governo revolucionário, que, visando fundar a república, na verdade, se legitima fora da ordem constitucional. O terror é um meio de governo não compatível com o governo constitucional, pois atinge o que este necessariamente deve proteger: os indivíduos face à ação do poder público. Esta é uma incompatibilidade que inclina, contudo, governos constitucionais para um terrorismo de Estado subterrâneo, que tanto pode permanecer legal, quando utiliza a ação de serviços secretos, como pode diligenciar ações fora de qualquer quadro jurídico. Por outras palavras, não é com o terror, mas com o terrorismo, que um governo constitucional pode e quer compatibilizar-se.

Assim aconteceu na Espanha, por exemplo, nos anos 1980, com o aparecimento e ação dos Grupos Antiterroristas de Libertação (GAL), secretamente associados ao poder político. Trinta anos depois, está provado o envolvimento da administração do governo de Filipe González no financiamento dos GAL, organização clandestina que se dispôs a combater, por meio de atentados, sequestros, assassinatos, em território espanhol e francês, a estrutura organizativa da ETA. Esses atos terroristas contaram com mercenários portugueses e também, havendo disso razoáveis indícios, com a permissividade das autoridades portuguesas. Ainda em 2011, Rogério Carvalho da Silva, um dos agentes portugueses levado a julgamento e condenado por atentados no Sul da França, comprometia o então chefe de governo de Portugal, Cavaco Silva, com a alegação de que havia recebido ordens deste para se manter calado sob a justificação de que o assunto estaria sob "segredo de Estado". Ao fim de alguns anos, os GAL foram desmantelados, sucedendo-se processos judiciais em que ficou determinado o seu caráter de terrorismo de Estado e o seu caráter criminoso.

A existência subterrânea do terrorismo de Estado não implica, já se viu, que enverede forçosamente por uma prática juridicamente criminosa. O interesse do Estado, o valor supremo da sua segurança, especialmente perante as ameaças que sobre ele se podem abater, abre muitas portas, além dos limites da lei convencional, mesmo da lei moral, que a "razão de Estado" tratará de caucionar com o segredo. Se diante de um terrorismo consensualmente admitido como crime hediondo se admitir consensualmente que apenas meios análogos podem fazer frente, então quase todo o caminho está feito para a legitimação de ação comparável, mas de sentido contrário, instituindo-se para isso os meios necessários.

Essa autolegitimação dos meios proporcionados pelo terrorismo de Estado cauciona, na prática, uma libertação de meios de violência equiparáveis aos que apenas a guerra autorizaria, sem que, contudo, o Estado tenha de se declarar em tal estado de guerra.

Por outro lado, a comparabilidade entre o terrorismo de Estado e os outros terrorismos não se pode autolimitar por um eventual requisito de semelhança dos meios. Essa é uma implicação que não tem razão de ser, sobretudo porque o Estado, desde que autolegitimado, dispõe de outra capacidade de mobilizar meios normalmente inacessíveis às organizações terroristas. Se um Estado promover não um sequestro ou um atentado bombista, mas práticas persecutórias generalizadas, às suas ordens ou por sugestão convidativa sua, seja de uma etnia, seja de um grupo social ou de um setor inteiro da sociedade, se contar com a cumplicidade de Estados vizinhos, de organizações internacionais, até das instâncias que exercem o direito internacional, se assim, sobre esses setores ou sobre a sociedade no seu conjunto produzir o efeito paralisante do terror, então os fins do terrorismo estão alcançados. E, mesmo quanto aos fins, os do terrorismo de Estado podem alargar-se consideravelmente, numa panóplia muito mais variável, e também mais complexa, do que aquela que se reconhece às organizações terroristas. O Estado é uma máquina autojustificativa altamente persuasiva. Dificilmente se lhe impõe um quadro prescritivo que lhe proíba alguma ação. Mais facilmente o trabalho de interpretação impõe a esse quadro prescritivo a conformidade da ação do Estado, resultando assim, contra as expectativas mas nem por isso inesperadamente, um reforço da sua legitimação. A história do século que nos precede é rica em modulações dos fins que autorizaram o terrorismo de Estado e a libertação de meios de violência que este proporciona.

Se bem que, num plano interno, as razões da razão de Estado possam tornar-se tanto mais poderosas quanto menos democrático for o Estado de direito, contudo nem a mais exigente e transparente democracia dispensa os seus mecanismos de suspensão de direitos e garantias em face da sombra da ameaça ao regime.

Diferente da guerra externa, em que o opositor é outro ou outros Estados, diferente da guerra civil, em que o opositor é o irmão e o primo, divididos na convulsão da sociedade, o terrorismo contemporâneo, reconhecido operativamente como crime, tem sido perspectivado como ameaça estrangeira ao regime, que se intromete na sociedade na forma de uma deslealdade da violência, redobrada, assim, na sua clandestinidade sem direitos nem deveres, sem honra nem rosto. O terrorismo assim reconhecido não é de

Estado; pelo contrário, não poderia ser menos "de Estado" enquanto contesta o caráter de Estado do Estado. E é assim que o tendem a ver o Estado e as instituições que o garantem, designadamente na ordem internacional, ao nível das alianças e das organizações. Mas, sem contradição, é precisamente "de Estado" a razão que justifica derradeiramente o terrorismo do Estado. Por isso, seria um erro assumir que pode haver e há um terrorismo "do Estado", mas não "de Estado". Este é a condição de possibilidade daquele. Classicamente, decorre da *potestas* do Estado não poder ser ultrapassado por uma ordem que lhe limitasse a qualidade soberana do seu poder.

É o efeito drasticamente desordenador do terrorismo estrangeiro, que, com violência paralisante, ataca a sociedade e ameaça o regime, que mais frequentemente aparece como motivo – assumido ou não, mesmo que tacitamente – para o Estado justificar-se, indo às suas razões de Estado, a uma guerra suja, com armas semelhantes às que alega verificar no seu inimigo terrorista. Não significa isto, porém, que tenha de existir um elo necessário entre a justificação antiterrorista e a prática terrorista do Estado. O Estado não está refém de uma justificação antiterrorista, por mais que se dedique aos meandros do que se sabe existir, mas não se sabe ao certo de que maneiras. A justificação concilia a prática estatal do terrorismo com a sua incompatibilidade constitucional com o próprio Estado, e o faz de muitas maneiras: são terroristas, sabotadores, piratas, etc. os inimigos que ameaçam a segurança e a continuidade do Estado. À história do século XX não faltam exemplos, com maior ou menor violência, na Europa como na América do Sul desse tipo de justificação. Por exemplo, a resistência em Portugal ao regime de Salazar, como a resistência nos territórios colonizados na África, mereceu à época a designação explícita de "terroristas". O proclamado "terrorismo organizado" dos movimentos pela independência das colônias, a quem a metrópole fazia a guerra, tinha, de acordo com a propaganda e talvez também as convicções do regime, o seu motivo organizador nas ambições expansionistas e subjugadoras de uma potência estrangeira – o assombro do comunismo soviético – que se instalava na clandestinidade dos movimentos de libertação e também de contestação da ordem interna da metrópole. Os "negros turras-terroristas" de quem José Cardoso Pires, num conto de *O Burro-em-pé*, publicado em 1979, com a menção no título "Foi no tempo das guerras: A África era um coração a arder no oceano", dá a imagem brutal do terror devolvido na proporção irrestrita que o Estado entendeu pôr em prática:

> Que eram mais que as mães, diga-se de passagem: negros a formigarem no capim, negros na pele do leão e na casca do embondeiro, negros turras-terroristas, olho aceso e pé no vento, a alastrarem pelas cidades; negros aos estilhaços; farrapos de negros a apodrecerem nos mastros. Guerrilhas, em suma.
>
> E o primo Amílcar, no cume de uma montanha de balas, a espalhar fogo alegremente:
> "Com putas e turras é sempre a aviar!"

Como no passado português, o terrorismo tem sido e prossegue sendo, de forma muito patente, justificação autolegitimadora para a libertação da violência de Estado. Não é, aliás, diferente o quadro em que se justificaram as intervenções, já neste século, no Afeganistão, logo a seguir ao 11 de Setembro, e, depois, também no Iraque, aqui com o pretexto, nunca demonstrado, da existência oculta de armas de destruição maciça.

Um novo terrorismo de Estado

A respeito do terrorismo do Estado, mas também de Estado, os termos do tema estariam razoavelmente contidos nas reflexões precedentes não fossem novas e poderosas expressões de uma promessa de violência aterrorizadora a se instalarem, nos últimos anos, nas sociedades da periferia europeia, designadamente naqueles Estados membros da União Europeia que, anteriormente designados como países da coesão, se viram subitamente, após a crise internacional de 2008, remetidos à posição acossada de países faltosos, inadimplentes, sujeitos ao opróbio desqualificador de um acrônimo que os compara a porcos. Será um passo maior do que a perna interpretar no grande amarfanhamento econômico, social e moral a que sociedades têm sido sujeitadas por políticas governamentais de austeridade um tipo de ação política comparável ou mesmo enquadrável no terrorismo de Estado? De um ponto de vista tipológico, talvez a resposta fosse negativa, por não serem satisfeitos os descritores que mais superficialmente nos levam a reconhecer certo tipo de ações do Estado como terroristas. Evidentemente, não se espera encontrar, entre os efeitos que têm atingido as sociedades, o tipo de terrorismo criminoso que inclui assassinatos, sequestros, atentados.

Há, todavia, um conjunto considerável de razões gerais que convida a escavar abaixo de uma superfície aparentemente díspar e prosseguir na hipótese de uma leitura dos tempos que vivemos em parte significativa da velha Europa, sob a chave interpretativa do terrorismo de Estado, ainda que sob uma feição inédita. Evidentemente, não se pretende extrair daqui poucas consequências acerca da natureza de certos processos políticos em curso e seu impacto sobre as sociedades. E, evidentemente, também não nos eximimos a desafiar desta maneira, como uma provocação incomodada, os conformismos que se instalam na sociedade.

Em face de tal hipótese interpretativa, é de imediato necessário descartar a possibilidade de um verificador formal de ocorrências de terrorismo de Estado quando a sua origem concreta se dá, por princípio, no quarto sem janelas, inescrutinável, de uma razão de Estado, ou seja, além e fora dos códigos que discriminam o legal do ilegal, o moralmente aceitável do inaceitável. O terrorismo de Estado é razoavelmente escrutinável nos seus efeitos, mas esquiva-se a qualquer limitação nas suas possibilidades de legitimação. Nesse sentido, está numa posição diametralmente oposta aos terrorismos que o Estado combate e logo identifica como desprovidos de quaisquer bases de legitimação.

Em segundo lugar, já evidenciamos anteriormente que os meios e os fins do terrorismo de Estado, diversamente das formas de terrorismo mais tipificadas, aparecem substancialmente indeterminados, proporcionando-se meios tão vastos quanto os que estão ao dispor do Estado e fins tão largos e complexos quanto o Estado consegue produzir enquanto dispositivo de autojustificação persuasiva.

Em terceiro lugar, de outro ponto de vista, talvez chocante, é possível confrontar, ainda que de maneira qualitativa, no modo de uma percepção, o *impacto agudo* de terror nas sociedades causado pela ação terrorista clássica – por exemplo, o terror de que foram testemunhas as capitais da Espanha ou do Reino Unido, em 2004 e 2005 respectivamente – com a *impressão crónica* de terror incutida a essas sociedades por políticas persistentes que despertam paulatinamente, mas de forma constante e generalizada, sentimentos de incerteza, precariedade e insegurança, que conduzem a uma descapacitação desesperada das populações, de efeito equivalente ao pânico. Não haverá cinismo em contrapor à contabilidade fria dos assassinatos de uns os suicídios de mães desesperadas que levam consigo os filhos, ou à contabilidade dos sequestros de uns o sequestro do futuro de gerações inteiras, a quem é negada qualquer projeção de temporalidade, jovens gerações sem capacidade de gerar futuro e renovar-se, mas também gerações idosas sem presente nenhum, encerradas nos seus quartos, à espera de um desfecho, incapacitadas de fruir o mundo porta fora.

Em quarto lugar, retomando a dicotomia jacobina que opunha o governo revolucionário que se autorizava o terror ao governo constitucional que a tal não se podia, sem autocontradição, se permitir, é manifesto que governos de países sujeitados, a partir da segunda década do século XXI, a programas de ajustamento financeiro na União Europeia, como o de Portugal, já não podem ser reconhecidos plenamente como governos constitucionais. Ainda que continuem a acatar as disposições constitucionais que lhes sejam prescritas por instâncias competentes, designadamente o Tribunal Constitucional, não são governos plenamente constitucionais na exata medida em que, de forma mais ou menos explícita, assumem terem um programa político adverso à Constituição, que consiste, no seu cerne, em disputar precisamente a personalidade e o caráter (no sentido benjaminiano) da Constituição. Essa ambivalência é, na verdade, uma forma particularmente insidiosa de dotar os poderes políticos das vantagens do terror do governo revolucionário, mas sob o quadro abrigado de um governo constitucional. Amplifica-se, sob essa deslealdade constitucional, a potência do terrorismo de Estado.

Por fim, apesar de uma superfície bastante díspar, são notáveis, em profundidade, alguns traços de homologia que se podem descobrir entre o tipo de ação que os Estados hoje desencadeiam nos seus países para fazer face à ameaça do terrorismo global que, por exemplo, encontramos associado à Al Qaeda e o tipo de ação que os Estados promovem nos seus países para fazer face à ameaça, também de caráter global, de sucumbirem à mercê dos mercados. Desde logo, a ameaça é externa, como é habitual no terrorismo; até mais do que externa, é mesmo de uma ordem que mimetiza o transcendente – os mercados são personificados pelos Governos junto às populações que governam como entidades que se irritam, que precisam ser acalmadas, que depressa perdem a confiança e que se comportam como se dispusessem de um humor irascível, a exigir sempre mais satisfações, quando não mesmo sacrifícios. O melhor com os mercados é, dir-se-ia, que não reparem em nós. Essa ameaça externa deificada só pode ser aplacada, porém, a partir de dentro, como se o Estado assumisse, relativamente à própria sociedade que o justifica, o mesmo tipo de desígnio que as organizações terroristas almejam produzir no seio das sociedades que atingem: a conformação a uma heteronomia radical. Não é com menor pulsão fundamentalista, com efeito, que representantes governamentais, como se exercessem um sacerdócio da culpa, lançam a necessidade da punição e da purga da sociedade por falhas de fundo moral. Como bem alertava Nietzsche (2000), no segundo ensaio de *A genealogia da moral*, há uma rentável união entre culpa e dívida, que em alemão até se diz com uma mesma origem da palavra: uma *Schuld & Schulden Associados* não deve, portanto, surpreender.

> Já alguma vez imaginaram que, por exemplo, um conceito tão importante no âmbito da moral, como é o de "culpa" [*Schuld*], deve a sua proveniência a um conceito intimamente ligado à vida material que é o de "dívida" [*Schulden*]? (p. 67).

E Nietzsche até revê explicitamente o esquema de uma moral da culpa e da reparação no elo contratual entre quem deve e o seu credor:

> E onde será que essa ideia de equivalência entre um prejuízo e uma dor – ideia tão antiga, tão fundamente enraizada, talvez ainda hoje inextirpável – foi buscar o poder que exerce? A resposta já está indicada: foi buscá-lo à relação contratual entre o credor e o devedor, tão velha como a existência de "pessoas jurídicas" e que por seu turno remete novamente para essas formas fundamentais que são a compra, a venda, a troca, em suma, as transações (p. 68).

Tal como as culpas devem remontar moralmente à originariedade de uma culpa capital, confirmando a homologia nietzschiana, sucede as dívidas soberanas dos Estados transmutarem a própria instituição da soberania numa "soberania da dívida". Com efeito, é a dívida, e a sua contrapartida moralizadora, que passa a afirmar-se irrestrita e globalmente como poder acima do qual nenhum outro poder humano existe. O seu caráter absoluto – afinal, uma soberania que não fosse absoluta não seria genuinamente soberana – subordina forçosamente, anulando no seu caráter soberano, todas as Constituições, todas as leis fundamentais dos Estados. Em suma, a soberania da dívida subordina o Estado de direito ao direito comercial internacional. O seu alcance global não é menor do que o dos grandes credos, o de Cristo e o do Islã especialmente, nem lhes fica atrás em carga moralizante. Os seus atributos, por exemplo, haver algo como uma dívida perpétua, exprimem, de forma translúcida, atributos de um poder soberano que, por seu turno, têm uma filiação teológica nos atributos do poder de Deus.

Assiste-se, portanto, com impacto tremendo nas sociedades, a uma inversão da tendência, que Carl Schmitt celebremente havia assinalado, de uma formação dos conceitos políticos modernos como conceitos teológicos secularizados. Na verdade, à secularização dos conceitos teológicos sucede, hoje, uma tendência de ressacralização da prática política dos conceitos da teoria política moderna. Essa inversão, mesmo que na forma de uma tendência, impõe-se como se de um regresso mais verdadeiro a uma autenticidade do político se tratasse, quando, diversamente, do que se trata é do retorno a uma matriz teológico-política da vida comum nas sociedades, no quadro de uma restauração histórica de formas de poder político mais condicentes com o *Ancien Régime*.

O vínculo da ordem da dívida com a ordem da culpa encontra ainda uma extraordinária apreensão na circunscrição que o jovem Marx faz da "economia política" dentro da "ciência moral".

Economia política – apesar da sua aparência voluptuosa e mundana – é uma verdadeira ciência moral, a mais moral de todas as ciências. Autorrenúncia, a renúncia da vida e de todas as necessidades humanas, é a sua tese principal. O menos tu comas, bebas ou compres livros; o menos tu vás ao teatro, ao salão de dança, à casa pública; o menos tu penses, ames, teorizes, cantes, pintes, esgrimes, etc., o mais tu pouparás – o maior torna-se o teu tesouro que nem traça nem ferrugem devorarão – o teu capital. O menos tu és, o menos tu expresses a tua própria vida, o mais tu terás, i.e., maior será a tua vida alienada, maior o armazém do teu ser estranhado (MARX, 1993, 3º Manuscrito).

Marx não precisa que lhe elogiem o estilo, mas também não é preciso esconder como surpreende pela atualidade e pela precisão essa passagem dos *Manuscritos*, do jovem Marx, ainda em 1944. A ideia de que "quanto menos tu és, tanto mais tu terás" antecipa em quase um século o lado mais negro da tese de Max Weber em *A ética protestante e o espírito do capitalismo* (1904-05). Porém, vai além: há um vínculo entre economia política e ética da acumulação, mas mais radicalmente entre economia política e uma ontologia da subtração. No essencial, esta é a boa nova que as políticas de austeridade que sagram pela União Europeia trouxeram ao mundo.

O imbricamento entre o econômico e o moral antecipa mesmo o Nietzsche de *A genealogia da moral,* em que culpa e dívida se montavam, como vimos, cada uma nas costas da outra. Marx diz "quanto menos tu és, tanto mais tu terás", não diz o contrário, que resumiria uma moralidade da poupança e da acumulação, o protestantismo portanto. Algo como "quanto mais tu tens, menos tu serás" podia bem ser uma disjunção aceitável do ponto de vista do interesse da conservação da dignidade ontológica de cada um, e que implicaria como preço a pagar pelo desperdício de riqueza uma diminuição de dimensão presumivelmente moral de si, convidando a uma frugalidade propiciadora da acumulação do capital. A inversão dos termos faz a passagem da disjunção moral da frugalidade, conservadora do ser de cada um, a uma conjunção cheia de virtudes produtoras – agora é a própria diminuição do ser que se torna força produtora de riqueza. Se o mal do dinheiro era gozá-lo, não o acumulando para a ética protestante, Marx tira uma conclusão muito mais radical: o mal é não se deixar de ser mais, porque passar a ser menos é a força motriz do capital. O sacrifício não é moral por dignidade ontológica, a carnificina é ontológica por mandamento moral.

Esse lema marxiano da economia política, na verdade economia moral, encontra formidável expressão moral nas formas de censura que inundaram o espaço público dos portugueses nos últimos anos – por exemplo, terem os portugueses vivido acima das suas possibilidades, e de terem assim infringido o preceito da subtração ontológica produtora. Se foram além do seu poder-ser, se fizeram, desoladamente, tudo ao contrário do que deveria ter sido a sua economia ontológica, que poderiam eles esperar além do desastre? A sua atestada improdutividade é bem a atestação plena do lema da economia política. Há, então, que proceder a um ajustamento ontológico. Paralelo ao ajustamento econômico-financeiro, aplica-se à sociedade um ajustamento dos seus modos de existência às possibilidades de ser que a produtividade econômica requer. Outro nome para designar esse processo ajustador de dupla-face é a política austeritária, em que a austeridade, longe de ser escolha pessoal de um modo de existência, é precisamente um modo de existência imposto pelas autoridades governamentais, de forma generalizada, a toda a sociedade. O austero assim fundido com o autoritário tem uma vocação análoga à do terror: alcançar o bem trazendo o mal. Saint-Just diz de modo bastante acertado, como Gianfranco Sanguinetti traz à epígrafe da dedicatória do seu *Terrorismo e Estado* (2005):

> Não chegou ainda, sem dúvida, o tempo de praticar o bem. O bem que cada um pratica é um paliativo. É preciso que advenha um mal geral assaz grande para que a opinião geral sinta a necessidade de medidas apropriadas para se praticar o bem. O que produz o bem geral é sempre terrível, ou parece extravagante em se começando por demais cedo.

Eis as virtudes das dores do ajustamento postas em perspectiva – há de haver outro tempo, de bem que se praticará, mas antes o presente determina a insistência em que ainda não chegou esse tempo. Na verdade, é razoável esperar que esse "tempo de praticar o bem" realmente nunca chegaria se o terror não fosse interrompido pela força de um golpe de Estado.

O tema da produtividade deixa, aliás, esclarecer, no que respeita às relações de trabalho, a mutação que se instala nas sociedades. Não está apenas em causa a hegemonia de uma concepção do trabalho exploradora, que suprime a componente realizadora do trabalho, alterizando-o radicalmente face ao trabalhador. A produtividade do trabalho transferiu-se para a produtividade do trabalhador – o negócio é ontologicamente humano. Com efeito, uma concepção produtivista do trabalhador assimila-o a prolongamento da máquina, com *output* mensurável em termos de quantidades por unidade de tempo. É assim numa fábrica, como é assim num hospital, ou numa universidade, seja trabalho manual seja intelectual, mais ou menos qualificado. O formato é o das máquinas – a sua eficiência é a de unidades produzidas por unidade de tempo. E essa hegemonia do modelo produtivo, *no matter what you produce*, é lugar-comum ideológico dos nossos tempos. Parece que esses tempos deram toda a razão a Hannah Arendt contra Marx, quando ela criticava, em *A condição humana* (1958), um entendimento produtivista do trabalho. Ironicamente, a hegemonia produtivista repõe a atualidade de Marx. Só não será tanto uma questão de vender força de trabalho, quanto de entrega incondicional da disponibilidade, aquém de todo o direito adquirido ou garantia.

Há, a esse respeito, uma profunda ambivalência da tecnologia. A tecnologia que pôde substituir pessoas, pondo nos seus postos de trabalho máquinas, é também a mesma tecnologia que sujeita hoje cada vez mais as pessoas ao regime da disponibilidade e da competição. A banalização dos celulares, e agora os iPads e iPhones, hibrida o lazer e o trabalho nas mesmas ferramentas tecnológicas, numa falsa síntese que não humaniza o trabalho, mas desumaniza o lazer e, pior, arrasta a humanidade para um regime existencial de despotismo da disponibilidade. Como, em tempos industriais, a mão de obra era afeiçoada à máquina, agora, em tempos pós-industriais (ainda que com uma direção de reindustrialização das relações de trabalho), são os "cérebros de obra" que são afeiçoados à máquina. Decerto, as máquinas são outras, mas as de hoje não libertam mais as consciências do que as aprisionam a uma disponibilidade permanente, protolaboral. A dominação ontológica faz-se menos pela força, em todo caso a força produtiva já não é feita da força dos braços, mas pela própria forma disponível das consciências. São as almas, a sua força anímica cada vez mais, o lugar íntimo da exploração do homem pelo homem que Marx denunciava.

Sob essa perspectiva, a disponibilidade laboral é hoje sobretudo um aspecto particular, ainda que central, de uma disponibilidade moral geral, que a delação pública atesta, aliás não poucas vezes nas convicções declaradas de governantes e nos moralismos de gurus opinativos da alta finança.

Na sequência dos mandamentos austeritários, é plausível afirmar que, desde há muito, as sociedades sob a sua autoridade, emanada da soberania da dívida, não experienciavam o trabalho de maneira mais hostil. Não só se trabalha por mais horas, cada vez mais dentro do fim da vida, e em condição cada vez mais incerta, precária portanto, sem as garantias das décadas anteriores. Esta nem é uma característica exclusiva das sociedades sujeitadas aos programas de ajustamento. A tendência é muito mais ampla. Jacques Rancière (2009, p. 230) reporta-a ao capitalismo mais contemporâneo:

> As formas contemporâneas do capitalismo, o rebentamento do mercado do trabalho, a nova precariedade e a destruição dos sistemas de solidariedade social criaram hoje formas de vida e experiências de trabalho frequentes vezes mais próximas das dos proletários do século XIX do que o universo de técnicos *high-tech* ou o reino mundial de uma pequena burguesia dada ao culto frenético do consumo descritos por tantos sociólogos.

Por isso, é preciso notar quanto a crise econômica é menos causa do que ocasião para a transformação da sociedade de trabalho. Incorpora-se um regime de disponibilidade absoluta e de exposição, seja ao risco laboral seja a toda uma cultura valorizadora do risco, designadamente sob uma retórica da criação de oportunidades, que altera significativamente o que possa ser o papel social dos cidadãos. Com a tendência instalada, estrutural e não conjunturalmente, a própria ideia de contrato social já não é mais que um direito (mal) adquirido, a rever, pois, no quadro de uma "democracia" da exposição ao risco e eliminação de garantias.

Nesse sentido, os termos que determinam a precariedade contratual no quadro de uma transformação da sociedade do trabalho têm na verdade um alcance mais lato e hegemonizam-se em todas as dimensões da existência social das pessoas. É uma existência em permanente sobressalto, imprevisível, sem garantias, que é imposta a sociedades inteiras. É disso ilustrativa a intenção recente de poderes governamentais em Chipre, com o devido apoio dos ministros das finanças da União Europeia, de imporem um súbito imposto sobre grande parte de todos os depósitos existentes no sistema bancário do país. De tão súbito, esse cancelamento de garantias bancárias não tentou sequer discriminar entre depósitos de poupanças e de investimento, totalmente cego, portanto, às diferentes origens daqueles bens, com os evidentes reflexos em percepções muito diferenciadas de injustiça social, se não mesmo gritante perversidade social. Aterrorizadas, as pessoas reagem procurando sacar os bens que haviam confiado a um sistema bancário votado ao descrédito. Os bancos impedem os levantamentos, fecham portas por dias em Chipre. Os representantes das instâncias europeias atropelam-se em justificações que, levadas às últimas consequências, na verdade evocam o motivo central para a instituição de um novo poder político na Europa – evitar um estado hobbesiano da sociedade europeia de guerra de todos contra todos, do homem feito lobo do homem – *homo homini lupus*.

A sociedade cipriota abate-se na consciência de ter sido traída nas bases de confiança mínima que garantem a paz social. Mas as sociedades de todos os Estados membros sujeitados a programas de ajustamento, e mesmo a de toda a União, sob uma permanente vigilância dos mercados e dos seus agentes técnicos, bem como dos seus equivalentes governamentais, encontram-se votadas, com maior ou menor intensidade, ao mesmo regime de terror que atingiu o Chipre e tem atingido a Grécia de forma contínua há três anos. Sucedem-se pacotes de medidas que, em bom rigor, têm por propósito menos o pagamento de dívida alguma, provavelmente impagável, do que a sujeição propriamente dita a uma dívida, sujeição absoluta, de caráter irrestrito, incondicional, para ressaltar, como já se sublinhou, atributos do soberano absoluto. Reconstitui-se assim um poder absolutista que se propõe salvar as sociedades do caos. No lugar do estado de natureza terrivelmente ameaçador que Hobbes projetava, é realçado pelos governos constitucionais dos Estados membros da União, e pelos protagonistas institucionais desta, escassamente legitimados pelo voto popular, um estado de inadimplência da dívida igualmente ameaçador. Na proporção direta da ameaça projetada legitima-se a instituição de um poder político emergente absoluto, que subordina todos os poderes políticos constituídos. O terror é o seu meio de governo, mas interpretado por governos constitucionais que agem em nome não do poder político constituído, mas desse poder político emergente, estrangeiro, centrípeto, mais próximo do terrorismo global. Por isso, invertendo uma tendência construída desde a Revolução Francesa, na ambivalência de uma revolução subterrânea das formas de poder político que se exercem na velha Europa, terror e terrorismo de Estado reencontram-se sob a tutela dessa nova soberania que se forja nos escombros do que foi, outrora, um projeto solidário de construção europeia.

Referências

CARDOSO PIRES, J. (1979). *O Burro-em-pé*. Lisboa. D. Quixote, 2008.

MARX, K. *Manuscritos económico-filosóficos de 1844*. Lisboa: Edições Avante, 1993.

NIETZSCHE, F. (1887) *Para a genealogia da moral*. Lisboa: Relógiod'Água, 2000.

RANCIERE, J. *Moments politiques. Interventions 1977-2009*. Paris: La Fabrique Editions, 2009.

ROBESPIERRE, M. (1793). Rapport à la Convention, au nom du Comité de salut public, sur les principes du Gouvernement révolutionnaire, Robespierre, 25 décembre 1793 (5 nivôse an II). In: *DISCOURS PAR MAXIMILIEN ROBESPIERRE – 17 Avril 1792/27 Juillet 1794*. The Project Gutenberg EBook, 2009. Disponível em: <http://www.gutenberg.org/ebooks/30144>. Acesso em: 20 mar. 2013.

SANGUINETTI, G. (1979). *Do Terrorismo e do Estado*. Porto: Antígona, 2005.

TOWNSHEND, C. *Terrorism*: A very short introduction. Oxford University Press, 2002.

Guerra e terror

Thiago Rodrigues

Ils étaient vingt et trois quand les fusils fleuraient
Vingt et trois qui donnaient le cœur avant le temps.
Léo Ferré, "L'Affiche Rouge"

Imagens

Em fevereiro de 1944, muros e postes da França ocupada pelos alemães foram tomados por um cartaz conhecido como "Affiche Rouge" (pôster vermelho)[1]. Ele trazia nomes e rostos de alguns dos 23 membros do grupo armado clandestino Franco-Atiradores e Partisans/Mão de Obra Imigrada (FTP/MOI), liderado pelo imigrante armênio Missak Manouchian, que acabavam de ser fuzilados. Esses homens – e uma mulher, a romena Olga Bancic – haviam participado de um atentado, em 1943, que assassinou Julius Ritter, oficial da S.S. nazista responsável na França pelo programa Serviço de Trabalho Obrigatório, que enviava para campos de trabalhos forçados na Alemanha judeus, comunistas, anarquistas, entre outros opositores ao governo de Vichy e à ocupação alemã (MAZOWER, 2009).

---

[1] Imagem disponível em: <http://tinyurl.com/k3css6v>.

Perseguidos e capturados, Manouchian e os seus foram sumariamente condenados à morte. Todos tombaram na França, à exceção de Olga, decapitada na Alemanha, pois uma cláusula do direito penal da Wehrmacht impedia que mulheres fossem fuziladas. Em seguida às execuções, o "Affiche Rouge" foi distribuído pelo país elencando os *condenados* e seus *crimes*. Entre eles, figuravam "Grzywacz: judeu polonês, dois atentados; Boczov: judeu húngaro, líder de descarrilamento, vinte atentados; Afonso: espanhol vermelho, sete atentados; Manouchian: armênio, líder do bando, 56 atentados, 150 mortos, 600 feridos". Destacando a origem estrangeira, a pertença ao que o nazismo considerava como "raças inferiores" e a filiação revolucionária dos membros do FTP/MOI, o cartaz era encimado pela chamada: "Libertadores?". Logo abaixo das fotos, vinha a resposta: "Libertação pelo exército do crime!". Uma das mais conhecidas peças de publicidade contra os grupos da resistência francesa, o "Affiche Rouge" registrou a intenção do governo colaboracionista francês e das forças alemãs de convencer os franceses de que os *partisans* eram terroristas e criminosos de ideologia exógena e ameaçadora (QUELLIEN, 2004).

Em 1947, os 23 foram reconhecidos pelo Estado francês com a "Medalha da Resistência" e entraram, mesmo sendo na maioria estrangeiros, para o Panteão dos Heróis Franceses. Em 1955, o poeta Louis Aragon escreveu o poema "Strophes pour se souvernir" ("Versos para se lembrar") para a solenidade de inauguração de uma rua em Paris chamada "Rue du Group Manouchian". Quatro anos depois, o cantor e compositor anarquista Léo Ferré adaptou e musicou o poema, nomeando a canção "L'Affiche Rouge".

Israel, 2012. Um pôster publicado pelas Forças de Segurança do país confirmou e propagandeou o assassinato de Ahmed al-Jalabi, chefe militar do Hamas na Faixa de Gaza, por um ataque aéreo enquanto viajava de carro. O cartaz, com a foto em destaque do seu rosto, traz, em inglês, as principais acusações definidas pelo Estado israelense: "planejou múltiplos ataques terroristas que mataram civis israelenses"; "comandou a operação de sequestro do soldado Gilad Shalit";[2] ordenou a terroristas palestinos que lançassem foguetes sobre Israel". Determinando seu destino, o pôster registra em grandes letras: *eliminado*.

Após o assassinato de Al-Jalabi, grupos palestinos lançaram uma nova leva de ataques de mísseis sobre colônias e cidades israelenses. Em meio a essa campanha de retaliação, o Hamas divulgou um cartaz em que dois homens com o rosto coberto, um deles armado com uma metralhadora AK-47 e uma faixa verde na cabeça – cor do Hamas e do Islã –, aparecem em primeiro plano, com mísseis decolando ao fundo e os seguintes dizeres, em árabe: "A resposta virá dos céus. Os atos terroristas de Sião [Israel] não ficarão impunes"[3]. Ato contínuo, novos ataques aéreos israelenses aconteceram sobre Gaza, seguidos da ameaça de invasão por terra. Mísseis palestinos seguiram voando sobre os assentamentos israelenses e sobre a capital Tel-Aviv, enquanto os governos da Autoridade Palestina, na Cisjordânia, dos Estados Unidos e de Israel continuaram as já antigas manobras diplomáticas e *performances* discursivas sobre a criação de um Estado palestino independente.

---

[2] Gilad Shalit era um jovem soldado israelense cumprindo o serviço militar obrigatório quando foi sequestrado, em 2006, por um comando do Hamas na fronteira com a Faixa de Gaza. Seu caso ganhou repercussão em Israel e internacionalmente, até ser libertado em 2011, numa troca de prisioneiros negociada com o governo israelense. Imagem disponível em: <http://tinyurl.com/mxano98>.

[3] Agradeço ao pesquisador Fernando Brancoli pela tradução do texto em árabe. Brancoli esclarece que não há uma tradução única para a palavra "terrorismo" contida no cartaz palestino. Numa versão literal, ela poderia ser traduzida como "agressão sem fundamento" ou "agressão para amedrontar". Imagem disponível em: <http://tinyurl.com/manl2ku>.

Vozes

Em 20 de outubro de 2001, o jornalista espanhol de ascendência síria Taysir Alluni, da rede de TV Al-Jazeera, entrevistou Osama Bin Laden, líder do grupo terrorista Al-Qaeda, em um lugar não revelado ao sul de Cabul, capital do Afeganistão. Fazia pouco mais de um mês dos atentados em Nova York e Washington atribuídos à Al-Qaeda e o Afeganistão, ainda governado pelo islâmico Talibã, começava a ser atacado pela coalizão militar liderada pelos Estados Unidos. Na longa entrevista, Bin Laden justificou os ataques aos EUA e afirmou que o chamado à *jihad* — a guerra santa — era mandatório a todo muçulmano, numa luta de "autodefesa, de defesa dos nossos irmãos e filhos na Palestina, e para libertar nossos santuários sagrados" (BIN LADEN, 2005, p. 107).

Quando perguntado sobre as acusações de ser líder de um grupo de terroristas, Bin Laden manteve a posição de que "não somos realmente terroristas no sentido que eles definem o termo, mas ao contrário, porque somos agredidos na Palestina, no Iraque, no Líbano, no Sudão, na Somália, na Caxemira, nas Filipinas, e por todo o mundo, isso é uma reação dos jovens de nossa *umma* [o mundo islâmico] contra as violências" ocidentais (p. 112-113). O que para os EUA e seus aliados seriam atos de terror, para Bin Laden representaria uma justa resposta ao terrorismo perpetrado pelo Ocidente: "então, se eles nos matam, sem dúvida devemos matá-los, até obtermos uma balança no terror" (p. 114).

Osama Bin Laden, em meio a repetidas evocações a Alá e a Maomé, elaborou uma justificativa de ação que deslocou a acusação de terrorismo para os Estados Unidos, citando ou fazendo referência a discursos do então presidente George W. Bush. Uma das declarações de Bush lembradas por Bin Laden foi pronunciada em 16 de setembro de 2001, cinco dias após os atentados, quando o mandatário afirmou, no saguão da Casa Branca, que "essa cruzada, a guerra contra o terrorismo, vai levar um tempo".[4] O uso da expressão *cruzada* foi valorizado por Bin Laden, a fim de amparar sua avaliação de que se tratava, efetivamente, de uma *guerra santa* contra as agressões de "cruzados e judeus", um enfrentamento que remontaria às campanhas militares na Terra Santa do rei inglês Ricardo Coração de Leão e do rei Luís da França (p. 127).

O uso do termo *cruzada* marcou, de fato, o tom dado pela reação imediata do governo dos Estados Unidos aos atentados de 11 de setembro de 2001. O esforço politicamente correto de não vincular o Islã ao terrorismo foi atravessado por manifestações ambíguas e estigmatizantes nos discursos que definiram a chamada *guerra ao terror – war on terror –* lançada por Bush no seu discurso ao Congresso estadunidense – o Discurso do Estado da União – de 21 de setembro de 2001, no qual afirmou que os EUA entravam numa "guerra longa, invisível e de conclusão indeterminada".[5] Poucos dias depois, em 6 de novembro, ao receber o presidente da França Jacques Chirac, Bush respondeu a uma das questões colocadas na conferência de imprensa que, na *guerra ao terror*, os países poderiam colaborar de diversas maneiras, sendo apenas a inação imperdoável: "ou se está conosco ou contra nós na luta contra o terror".[6]

À época das declarações de Bush, muitos lembraram como o discurso da "guerra ao terror", dividindo de forma estanque um *nós-vítimas* dos *outros-terroristas*, reavivava a tese do cientista político Samuel Huntington do "choque de civilizações"

---

[4] Disponível em: <http://edition.cnn.com/2001/US/09/16/gen.bush.terrorism/>. Acesso em: 23 mar. 2013.

[5] Disponível em: <http://middleeast.about.com/od/usmideastpolicy/a/bush-war-on-terror-speech_2.htm>. Acesso em: 23 mar. 2013.

[6] Disponível em: <http://georgewbush-whitehouse.archives.gov/news/releases/2001/11/20011106-4.html>. Acesso em: 23 mar. 2013.

(TOWNSHEND, 2002; DINIZ, 2010). Em meados dos anos 1990, Huntington publicou um artigo, seguido de livro, no qual defendeu que os grandes conflitos internacionais a partir do final da Guerra Fria ocorreriam entre Estados pertencentes a "civilizações" diferentes e que entre as principais ameaças à "civilização Ocidental" estaria a "civilização islâmica", por causa de seus valores diametralmente opostos, por uma suposta incompatibilidade entre práticas políticas e pelo fato de inexistir, entre os muçulmanos, um Estado líder – "Estado-núcleo" nos termos de Huntington – que organizasse e disciplinasse a oposição ao Ocidente.

Na perspectiva realista do autor, na ausência de um Estado orientado pela lógica da sobrevivência e preservação da soberania política, proliferariam os grupos terroristas não estatais, dificilmente controláveis pela sua grande mobilidade, falta de vínculos institucionais e alta capacidade de ocultação. Por tais características, a "civilização islâmica" seria ainda mais ameaçadora e digna de preocupação para a manutenção de uma dada ordem mundial (HUNTINGTON, 1994; 1997). A *guerra ao terror* de Bush parecia, então, redimensionar a bipolaridade na política internacional, substituindo a antiga oposição Leste e Oeste dos tempos da Guerra Fria por uma nova entre "Ocidente" e "Islã", atualizando o discurso do antagonismo entre *civilização* e *barbárie*, bastante presente na tese de Samuel Huntington.

Atento a essa discussão, o jornalista da Al-Jazeera Taysir Alluni perguntou a Osama Bin Laden, no trecho final de sua entrevista: "Qual sua opinião sobre o que se tem dito acerca das suas analogias e [a tese do] 'Choque de Civilizações'? Seu constante uso da palavra 'Cruzada' e 'Cruzado' mostra que corrobora essa tese?". Então, Bin Laden respondeu: "Digo que não há dúvidas quanto a isso. Esse [Choque de Civilizações] é um fato evidente, demonstrado no Corão e nas tradições do Profeta [Maomé], e todo verdadeiro crente que se considere fiel não deve duvidar dessas verdades, não importa o que digam delas" (BIN LADEN, 2009, p. 124). Vítimas e terroristas. Quem é quem?

Juntos

Ao analisar o universalismo político e cultural estadunidense, Pierre Bourdieu (2003) mostrou que o movimento de difusão mundial dos valores e instituições dos Estados Unidos tem uma procedência no universalismo instituído pela Revolução Francesa e seus desdobramentos desde o final do século XVIII. Na França, a emergência de valores que não se restringiriam aos franceses – mas que contariam com validade universal – teria inaugurado uma nova era na qual as "luzes" da razão e a força dos direitos dos cidadãos se descolariam de uma experiência jurídico-política singular para ganhar expressão indiferenciada em todos os povos. O "Destino Manifesto" dos EUA, nesse sentido, seria a potencialização dessa vocação que não prescindiria da aceitação dos outros para consolidar-se como efetivamente universal.

Ao retomar a reflexão de Bourdieu, Andre Degenszajn (2006, p. 168) afirma que diante dos imperialismos do universal francês e estadunidense, despontaria contemporaneamente "outra pretensão universal que se traduz [...] no fundamentalismo islâmico". "Em oposição à matriz legal-racional", continua Degenszajn, "fundada na democracia e na ciência, impõe-se outra verdade calcada na razão religiosa, mas que não prescinde sequer dos seculares saberes árabes. Diante do Estado universal iluminista, coloca-se o Estado islâmico universal". Essa oposição, no entanto, não seria meramente a comprovação do discurso do "choque de civilizações" – com a oposição civilização/barbárie – uma vez que tanto a justificativa de ação da *guerra ao terror* estadunidense quanto a da *jihad* de Bin Laden amparam-se em versões com sinal trocado da mesma pretensão universal, do mesmo discurso vitimizador, da mesma certeza da luta pela Verdade, em equivalente crença na superioridade moral.

Por isso, "como os grupos terroristas dividem o mundo com base em uma dicotomia entre bem e o mal (ou fiéis e infiéis), a guerra ao terror [...] afirma uma moral democrática e secular como verdadeira diante de todas as demais" (DEGENSZAJN, 2006, p. 168). E, se aparentemente os discursos de Bush e Bin Laden pudessem parecer fundados em princípios diferentes, seria preciso notar que "a história do Ocidente levou-nos a considerar que o *religioso* e o *teológico* devem ser absolutamente dissociados do político" (GIL, 2006, p. 296), avaliação que impediria compreender como "a democracia assenta numa moralização laica da esfera do religioso" e de que, por extensão, as invocações do terrorismo fundamentalista da palavra de Alá, do Corão e das leis islâmicas constituem, também, "um princípio político" (p. 297). Não haveria, portanto, apartação entre *religião* e *política* tanto na *guerra ao terror* quanto na *jihad islâmica*.

Ao se considerar tais discursos articulados num duplo, quem é *terrorista*?

Segundo Marta Crenshaw (2010, p. 27), "terrorismo é um conceito contestado [...] [cujo] uso é em geral subjetivo e pejorativo, empregado com o sentido de condenar um adversário". Por esse motivo, a busca por uma definição jurídica universal de "terrorismo" tem sido há décadas infrutífera. Crenshaw (2010) lembra que as primeiras tentativas de estabelecer esse marco jurídico remontam a 1973, quando a ONU iniciou esforços que já redundaram em 12 convenções internacionais, além de diversas normativas nacionais, como as editadas a partir de 2001, por países como os Estados Unidos e o Reino Unido, já no contexto da *guerra ao terror*.

Antes disso, em 1986, o Departamento de Defesa dos Estados Unidos definiu terrorismo como "o uso ou a ameaça do uso de violência premeditada contra indivíduos ou propriedade para impingir medo, com vistas a coagir ou intimidar governos ou sociedades na perseguição de objetivos políticos, ideológicos ou religiosos" (DoD, 1986, p. 15). Após os atentados de 11 de Setembro de 2001, a legislação estadunidense foi reorientada a partir do US Patriot Act, assinado em 26 de outubro de 2001, que definiu terrorismo como "(a) atos violentos ou ameaçadores à vida humana que são uma violação da lei criminal dos Estados Unidos ou de qualquer Estado, ou que pode ser uma violação criminal se cometida na jurisdição dos Estados Unidos ou de qualquer Estado; (b) [atos] que tencionem (i) intimidar ou coagir uma população civil, (ii) influenciar a política de um governo por intimidação ou coerção, (iii) afetar a conduta de um governo por meio de destruição em massa, assassinato ou sequestro" (US Patriot Act, 2001, § 2331).

A legislação de 2001 fez uma associação direta entre "terrorismo" e "crime", deixando em aberto a possibilidade de classificar uma série indefinida de "atos" como "terroristas"; além disso, menciona as demais legislações que possam existir em outros países do mundo, deixando espaços móveis para a definição de táticas planetárias de combate ao que se definir por *terrorismo*. Um compêndio de definições de *terrorismo* sacado das agências estadunidenses – como o FBI e a CIA –, de países aliados dos EUA, como o Reino Unido e a França, ou mesmo os projetos de definição na ONU seriam um rosário de classificações aproximadas e abertas a interpretações variadas (Tuman, 2010). A própria ONU, num esforço de reunir essas definições numa que pudesse amparar a elaboração de um tratado internacional unificador, formou, em 2002, uma comissão específica composta por representantes dos

Estados-membros e especialistas que se dissolveu em 2005 sem conseguir superar as diferenças de opinião entre países ocidentais e árabes (TUMAN, 2010).

Uma das tentativas de unificação da definição foi seguir a legislação estadunidense focando nos "atos" que tipificariam o terrorismo, como "assassinatos seletivos", "atentados contra civis", "ataques à infraestrutura". A discordância, no entanto, foi geral e impediu que se chegasse a um consenso. Enquanto isso, a *guerra ao terror* seguia elaborando táticas e colocando-as em prática, legislando no campo das medidas excepcionais – como as suspensões de direitos individuais nos EUA – e abrindo vácuos jurídicos como o campo de concentração na base estadunidense em Guantánamo, ou as prisões e voos clandestinos levando suspeitos de terrorismo para a base em Cuba a partir de muitos pontos do planeta, contando com a colaboração de diversos países.

A dificuldade em definir *terrorismo* e a proximidade entre o teor das acusações de "terrorista" explicitam como não há uma ontologia do terrorista e do terrorismo, ou seja, não há uma essência que os fixe e classifique: "o crime e o terrorismo, pelo alto ou por baixo, serão defendidos ou combatidos, segundo as circunstâncias históricas, as extensões das forças em luta ou as mobilidades de conservadores e revolucionários, não podendo ser apanhados por uma teoria, da mesma maneira que não se sustenta uma ontologia do crime" (PASSETTI, 2006, p. 101). Nesse sentido, é interessante ter em mente a associação entre "terrorismo" e "crime" realizada no US Patriot Act, evidenciando o que analisa Passetti quanto à ausência de definição essencial dessas categorias, que obedecem aos resultados sempre precários e históricos estabelecidos pelo enfrentamento constante das forças sociais e de suas intencionalidades políticas.

Opera na definição de terrorismo, portanto, um *efeito de guerra*: o conflito infindável entre verdades em busca de afirmação diante de outras verdades. Uma guerra cujo triunfo é a sua validação histórica e cuja análise pode ser feita seguindo as indicações da genealogia do poder elaboradas por Michel Foucault (2008a). Uma *genealogia do terrorismo*, desse modo, não interessada em desvelar sua suposta essência ou origem, encontraria procedências variadas, tanto na prática dos terrorismos quanto no embate pela construção de verdades acerca do terrorismo. Essa genealogia do terrorismo encontraria suas procedências contemporâneas no jacobinismo da Revolução Francesa, enquanto "Terror de Estado" voltado à defesa dos valores universais que se afirmavam, pela força política, como verdades inquestionáveis. Tal procedência emergiria novamente nos projetos revolucionários e escatológicos do século XX, cujo ápice teria sido, segundo Foucault (2008a), o stalinismo e nazismo que levou ao paroxismo a "guerra das raças" inscrita no discurso histórico-político ao preconizar o extermínio da *raça ruim* (quer fosse a *sub-raça*, quer fosse o *contrarrevolucionário*) para que a *raça superior* triunfasse.

Nessa genealogia, seria possível encontrar, por exemplo, os terrorismos do Baader-Meinhof alemão, das Brigadas Vermelhas italianas, da Vanguarda Armada Revolucionária (VAR-Palmares) brasileira, dos Montoneros na Argentina e dos Tupamaros no Uruguai, todos atuando entre os anos 1960 e 1970, ou do Sendero Luminoso, no Peru, e dos palestinos da Organização para a Libertação da Palestina (OLP) nos anos 1980; ou ainda os terrorismos dos irlandeses do Exército Republicano Irlandês (IRA) e dos bascos do Pátria Basca e Liberdade (ETA) ao longo de todo século XX. Sem nivelar experiências diversas que responderam a contextos próprios, seria possível, no entanto, identificar que todos esses grupos tiveram, de um modo ou de outro, o *Estado como referência*: tanto o *Estado como inimigo* – o Estado burguês, a ditadura militar, a ocupação estrangeira – como o *Estado enquanto meta*.

Então, essa problematização genealógica dos terrorismos permitiria notar, também, aquilo que escapou à verdade preponderante, desvelando a história de jovens anarquistas que, respondendo ao sufocante ambiente político repressivo que se seguiu à derrota da Comuna de Paris, em 1871, e à disciplinarização crescente da luta proletária em torno de sindicatos e partidos no final do século XIX, lançaram-se a "uma mudança tática que aponta para o princípio da ação direta, que verá nos atos violentos, e nos roubos e sabotagens, uma dimensão política e revolucionária" (AUGUSTO, 2006, p. 143). Jovens como Émile Henry e Ravachol, na França, e Severino Di Giovani, na Argentina, entre tantos outros, apareceram naquele momento "explodindo lugares tidos como sociais, mas frequentados por privilegiados homens e mulheres, promovendo atentados contra reis e personalidades *públicas*, tornando-se notícias e explicitando com seus gestos violentos e repetitivos os horrores da miséria para que a felicidade utilitarista se perpetuasse" (PASSETTI, 2006, p. 104).

Diferente dos demais terrorismos contemporâneos, os anarcoterroristas pretendiam evidenciar a fragilidade das instituições burguesas e do Estado para fazê-las cair, ruir em definitivo. Assumiram-se *terroristas*, desdenhando dos juízes e carrascos, provocando horror e rechaço em socialistas, democratas, comunistas e na maioria dos anarquistas. Não fizeram da pecha "terrorista" uma acusação voltada ao adversário, assumindo-se inimigos da sociedade. Explicitaram como os terrorismos são práticas políticas associadas ao *Estado*, à sua saúde e à sua preservação – assim como a *guerra*. À exceção do anarcoterrorismo de mais de um século atrás, os demais terrorismos se remetem a uma centralidade política, sendo, de um modo ou outro, *terrorismos de Estado*.

Mesmo o atual terrorismo islâmico, *transterritorial* e não estatal, baseado em *programas* de ação apropriados e recodificados por grupos esparsos em todo o mundo (PASSETTI,

2007), alinha-se a um projeto de constituição da *umma*, um grande Estado islâmico da Mauritânia às Filipinas a unificar os muçulmanos sob o comando do "virtuoso califa que voltará com a graça de Deus" (BIN LADEN, 2009, p. 121). Assim, afirmar que o atual terrorismo é *transterritorial* e que "não toma mais conhecimento das fronteiras" (PASSETTI, 2006, p. 110) não significa aceitar que ele não se reporte a uma centralidade política como referência absoluta, ainda que seja um califado teocrático, e não o Estado racional da sua contraparte estadunidense.

O método de luta desse terrorismo transterritorial se dá nos fluxos da sociedade de controle, atravessando os mesmos fluxos computoinformacionais nos quais se movimentam empresas, governos, ONGs. O combate a ele também é fluido, difundindo-se pelo planeta e lançando mão de tecnologias de rastreamento sideral e eletrônico, prisões discricionárias, torturas e assassinatos, monitoramento das condutas, invasões e ocupações militares articuladas por coalizões de democracias liberais. A *guerra ao terror* e a *jihad* formam um duplo complementar que realiza no planeta, numa guerra sem espacialidade, combatentes, jurisdição e temporalidade definidos, aquilo que Frédéric Gros (2009) chama de *estados de violência*. Esses *estados de violência* atravessam fronteiras e incidem sobre a vida de cada um em tempos de suspeição geral: das múltiplas vigilâncias cotidianas aos variados *estados de exceção* justificados em nome da segurança das populações, dos Estados, da democracia e do planeta.

É uma *guerra* que contempla tanto a morte de milhares de pessoas em poucos minutos na Nova York de 2001 quanto a execução de Jean Charles de Menezes – brasileiro (e) suspeito – num metrô de Londres ou a do próprio Bin Laden, numa casa no Paquistão. É *guerra* que se combina às emergentes práticas de governamentalidade voltadas à gestão, à saúde, à proteção e à segurança do planeta que anunciam a ultrapassagem da biopolítica das populações para novas e inconclusas modalidades de governo das condutas. Não é mais apenas a guerra da razão de Estado, voltada à *balança de poder* do sistema internacional que despontou no final da Idade Média (FOUCAULT, 2008b). O dispositivo de segurança da sociedade disciplinar, combinando biopolítica das populações com equilíbrio diplomático-militar entre os Estados, passa por transformações que anunciam a emergência de um novo *dispositivo de segurança planetário* ainda em plena conformação (RODRIGUES, 2012).

Nessa nova era em que vivemos, segundo Passetti (2011, p. 133), "não se governa somente a população. Há um novo alvo: o planeta e a vida dentro e fora dele. Emerge uma ecopolítica de controle do meio ambiente, com sustentabilidade, combinada com a biopolítica herdada da sociedade disciplinar". Nessa era, redimensionam-se as centralidades e redefine-se a soberania política: novos arranjos institucionais como a União Europeia ensaiam uma concentração de poder político para além do Estado-nação, missões multilaterais e multidimensionais substituem as antigas missões de paz da ONU por novas operações combinadas entre exércitos, ONGs e empresas interessadas na *construção de Estados* à imagem e semelhança do Estado democrático-liberal em países considerados "Estados falidos", muitas das oposições lançadas contra esse Estado democrático-liberal recorrem à demanda por direitos – que as fazem voltar ao Estado – ou evocam outra universalidade política centralizadora como a *jihad islâmica*.

Se o terrorismo "é uma presença inevitável enquanto houver Estado" (PASSETTI, 2006, p. 107), o redimensionamento do poder político em novas institucionalidades na sociedade de controle propicia novos terrorismos. Em nome da democracia ou de Alá, os terrorismos contemporâneos se amalgamam num duplo. Há mais de cem anos, o terrorismo anarquista abalou a referência que unia os terrorismos de então ao Estado revolucionário ou ao Estado Nacional. Haverá na sociedade de controle centelhas resistentes e combativas que se coloquem contra as novas centralidades redimensionadas do poder político?

Centelhas

Constatar que o pôster das Forças de Segurança de Israel e o do Hamas se completam na identificação do inimigo como terrorista, ou de que Bin Laden e George W. Bush lançam mão de discursos intercambiáveis não significa admitir que haja uma equiparação geral de tudo, uma niilista entrega ao relativismo do *tudo se equivale*. Ao contrário, uma atenção genealógica aos terrorismos pode problematizá-los de modo a evidenciar como a referência e a obediência a transcendentais (Deus, a Razão, a democracia, o Estado) os aproximam nesse duplo que reforça e justifica esses universais. O repúdio anarcoterrorista ao Estado foi movimento minoritário, nômade, residual diante dos grandiloquentes projetos revolucionários de Estado. Lançado ao *basfond* das práticas políticas, o terrorismo anarquista perdeu-se junto às táticas de luta da sociedade disciplinar e hoje, na velocidade dos fluxos da sociedade de controle, talvez desponte outro, inusitado, acompanhando invenções de novas resistências sem lugar fixo e, talvez, liberado de transcendentais.

No entanto, pretender classificar os *terrorismos* em tipologias jurídico-políticas é esforço que não reconhece que sua produção se dá no calor incessante das lutas. Definir terrorismos pelos seus "atos"? Explodir pontes, assassinar personalidades *públicas* do inimigo, amedrontar civis, matar "inocentes", destruir infraestrutura. Seriam esses os "atos terroristas"? O que fizeram, por exemplo, os membros da Resistência Francesa? O que fizeram os jovens resistentes do grupo de Manouchian? Mortos pelos nazistas, foram condenados como terroristas. Vencida a guerra pelo lado em que combateram, tornaram-se, postumamente, heróis nacionais, mesmo sendo estrangeiros.

A definição de *terrorista* é um ato político; não há ontologia do *terrorista* ou do *terrorismo*. Reparar nisso, ainda que por uma breve sugestão genealógica, pode ajudar na compreensão de que não há segurança do Estado que prescinda desses atos classificados pelo oponente como *terroristas*. Assim, enquanto houver poderes centralizados e guerras para defendê-los, haverá terrorismos para ampará-los e combatê-los, visando a outras centralidades. Mas, também, sabemos que historicamente houve *terrorismos* apavorantes para a lógica do poder político centralizado porque os negou como meta e princípio. Na voracidade das batalhas infindáveis da política, aceleradas nos fluxos da sociedade de controle, entre sujeições, resistências e liberações, *quem* e *como* se governa, se insurge e se aterroriza?

Referências

AUGUSTO, Acácio. Terrorismo anarquista e a luta contras as prisões. In: PASSETTI, E.; OLIVEIRA, S. (Org.). *Terrorismos*. São Paulo: Educ, 2006. p. 139-148.

CRENSHAW, M. O terrorismo visto como um problema de segurança internacional. In: HERZ, M.; AMARAL, A. B. do (Org.). *Terrorismo e relações internacionais*: perspectivas e desafios para o século XXI. Rio de Janeiro: Editora PUC-Rio, 2010. p. 25-46.

BIN LADEN, O. Terror for terror. In: LAWRENCE, B. (Ed.). *Messages to the world*: the statements of Osama Bin Laden. London: Verso, 2005. p. 106-129.

BOURDIEU, P. Dois imperialismos do universal. In: LINS, D.; e WACQUANT, L. (Org.). *Repensar os Estados Unidos*: por uma sociologia do superpoder. Campinas: Papirus, 2003. p. 50-62.

DEGENZSAJN, A. Terrorismos e invulnerabilidades. In: PASSETTI, E.; OLIVEIRA, S. (Org.). *Terrorismos*. São Paulo: Educ, 2006. p. 163-175.

DINIZ, E. A guerra contra a Al-Qaeda: avaliação e perspectivas. In: HERZ, M.; AMARAL, A. B. do (Org.). *Terrorismo e relações internacionais*: perspectivas e desafios para o século XXI. Rio de Janeiro: Editora PUC-Rio, 2010. p. 163-209.

DoD/Department of Defense. DOD Directive 2000.12. *Protection of DOD Resources Against Terrorist Acts*, june 16, 1986, p. 15.

FOUCAULT, M. *Em defesa da sociedade*. Galvão. São Paulo: Martins Fontes, 2008a.

FOUCAULT, M. *Segurança, território, população*. São Paulo: Martins Fontes, 2008b.

GIL, F. Conclusões. In: JAMAI, A. *et al*. *Terrorismo e relações internacionais*. Lisboa: Gradiva/Fundação Calouste Gulbenkian, 2006. p. 295-299.

GROS, F. *Estados de violência*: ensaio sobre o fim da guerra. Aparecida/SP: Idéias & Letras, 2009.

HUNTINGTON, S. Choque de civilizações? *Política Externa*, n. 2, v. 4, p. 120-141, mar.-abr. 1994.

HUNTINGTON, S. *O choque de civilizações e a recomposição da ordem mundial*. Rio de Janeiro: Objetiva, 1997.

MOZOWER, Mark. *Hitler's Empire*: Nazi rule in occupied Europe. London: Penguin Books, 2009.

PASSETTI, E. Terrorismos, demônios e insurgências. In: PASSETTI, E.; OLIVEIRA, S. (Org.). *Terrorismos*. São Paulo: Educ, 2006. p. 95-121.

PASSETTI, E. Terrorismos. In: PASSETTI, E. (Org.). *Anarquismo urgente*. Rio de Janeiro, Achiamé, 2007. p. 93-94.

PASSETTI, E. Ecopolítica: procedências e emergência In: CASTELO BRANCO, G.; VEIGA-NETO, A. (Org.). *Foucault*: filosofia & política. Belo Horizonte: Autêntica, 2011. p. 127-141.

QUELLIEN, J. *La Résistance*. Caen: Le Mémorial de Caen, 2004.

RODRIGUES, T. Segurança planetária, entre climático e o humano. *Ecopolítica*, n. 3, p. 5-41, 2012.

TOWNSHEND, C. *Terrorism*. New York: Oxford University Press, 2002.

TUMAN, J. *Communicating Terror*: the rhetorical dimensions of terrorism. London: Sage Publications, 2010.

US PATRIOT ACT, 2001, § 2331.

Sobre os autores

André Barata é professor na Faculdade de Artes e Letras da Universidade da Beira Interior, em Portugal. É diretor do Mestrado em Ciência Política e pesquisador do Instituto de Filosofia Prática, no qual coordena o seminário permanente de teoria política. É ainda vice-presidente da Associação Portuguesa de Filosofia Fenomenológica e membro do Conselho Editorial da edição portuguesa do periódico *Le Monde Diplomatique*.

André Duarte é professor da Universidade Federal do Paraná (UFPR) nos níveis de Graduação e Pós-Graduação em Filosofia. É autor de *Vidas em risco: crítica do presente em Heidegger, Arendt e Foucault* (Rio de Janeiro: GEN/Forense Universitária, 2010); *O pensamento à sombra da ruptura: política e filosofia em Hannah Arendt* (Rio de Janeiro: Paz e Terra, 2000).

Beatriz Porcel é professora de Filosofia Política da Facultad de Humanidades y Artes e pesquisadora da Universidad Nacional de Rosario, Argentina. Atualmente é diretora do curso de Filosofia dessa universidade. Foi coordenadora de redes internacionais de pesquisa com universidades do Brasil. Participou e participa de congressos na Argentina e no Brasil. Coordenou e publicou textos em livros e revistas especializadas de ambos os países.

Daniel Omar Perez é professor titular da Pontifícia Universidade Católica do Paraná (PUC-PR), trabalha no Programa de Mestrado-Doutorado de Filosofia da instituição e é pesquisador do CNPq. Pratica a psicanálise. Publicou livros como *Kant e o problema da significação* (Champagnat, 2008) e *O inconsciente, onde mora o desejo* (Civilização Brasileira, 2012).

Edson Passetti é professor do Departamento de Política, Programa de Estudos Pós-graduados em Ciências Sociais, coordena o Núcleo de Sociabilidade Libertária (NU-SOL), da Pontifícia Universidade Católica de São Paulo (PUC-SP), e é pesquisador principal do projeto temático Fapesp *Ecopolítica: governamentalidade planetária, novas institucionalizações e resistências na sociedade de controle*.

Guilherme Castelo Branco coordena o Laboratório de Filosofia Contemporânea da Universidade Federal do Rio Janeiro (UFRJ). Professor do Departamento de Filosofia e do Programa de Pós-Graduação da UFRJ. Pesquisador do CNPq. Pesquisador da FAPERJ. Consultor do NU-SOL, da PUC-SP. Membro do Conselho Editorial da Editora Autêntica.

Horacio Luján Martínez é doutor em Filosofia pela Universidade Estadual de Campinas (Unicamp), professor do curso de Filosofia, graduação e pós-graduação, da PUC-PR. Pesquisa na linha de Ética e Política Contemporâneas, em particular a relação entre subjetividade e linguagem e entre democracia e identidades políticas. É bolsista em produtividade da Fundação Araucária.

Roberto Nigro é professor e pesquisador de Filosofia no lnstitut de Théorie Critique e no Master of Arts in Fine Arts da ZHdK (Zurich University of the Arts). É também diretor de estudos no Collège International de Philosophie, em Paris. Especialista em Filosofia francesa e italiana contemporânea, pesquisa as teorias de golpe de Estado do século XVII até a atualidade.

Simeão Donizeti Sass é doutor em Filosofia pela Universidade Estadual de Campinas (Unicamp) e professor do Instituto de Filosofia da Universidade Federal de Uberlândia (UFU). Integra o Programa de Pós-Graduação em Filosofia do mesmo instituto e é membro do Núcleo de Estudos do Pensamento Contemporâneo (NEPC) da Universidade Federal de Minas Gerais (UFMG) e do Núcleo de Pesquisa do Pensamento Contemporâneo (NUPPEC) da UFU. Autor do livro *O problema da totalidade na ontologia de Jean-Paul Sartre* (Uberlândia, EDUFU, 2011).

Thiago Rodrigues é professor do Departamento de Estudos Estratégicos e Relações Internacionais e do Programa de Pós-Graduação em Estudos Estratégicos da Universidade Federal Fluminense (UFF); é pesquisador no Nu-Sol (Núcleo de Sociabilidade Libertária) da PUC-SP e pesquisador convidado no Projeto Temático Fapesp *Ecopolítica: governamentalidade planetária, novas institucionalizações e resistências na sociedade de controle*.

Vicente Sanfélix é professor catedrático da Universidade de Valência, na Espanha. Autor de artigos e livros sobre Wittgenstein, Hume e epistemologia política; e pesquisador principal de vários projetos de investigação. Presidiu a Sociedade Acadêmica de Filosofia, que reúne professores e pesquisadores de universidades espanholas na área de Filosofia.

Este livro foi composto com tipografia Bembo e impresso em papel Off Set 75 g/m² na Formato Artes Gráficas